U0128014

江西通史

————

明代卷第四冊

目錄

總序　　　　　　　　　　　　　　　　　　　　　　002

引言　　　　　　　　　　　　　　　　　　　　　　009

第一章｜明朝在江西的統治

第一節・明朝在江西統治的建立　　　　　　　　　034

一　周子旺、彭瑩玉的起事及元末江西形勢　　　034

二　朱元璋集團對江西的用兵及明朝在江西統治的建立　037

第二節・明朝在江西的權力機關　　　　　　　　041

一　省級權力機關及其演變　　　　　　　　　041

二　司道府縣的機構設置及其職責　　　　　　053

三　都司衛所的分布及變更　　　　　　　　　072

第三節・明朝在江西的王府　　　　　　　　　　082

一　明朝的宗藩問題　　　　　　　　　　　　082

二　明朝在江西的王府　　　　　　　　　　　087

三　寧王兵變及其失敗　　　　　　　　　　　095

第四節・明代江西的賦稅與地方財政體制改革　　105

一　江西稅糧的定額與漕糧的運輸　　　　　　105

二 江西的「鹽界」與鹽稅 114

三 九江鈔關與贛關 128

四 江西地方財政的構成與改革 137

第二章｜明代江西人口的流動與地方社會的治亂

第一節・「江西填湖廣」及西南地區的江西移民 160

一 江西及湖廣的人口土地狀況 160

二 「江西填胡廣」 171

三 西南地區的江西移民 194

第二節・江西山區的人口變遷與贛南客家的形成 200

一 省內平原與丘陵地區人口向山區的遷徙 200

二 贛南的閩粵籍移民與「客家」的形成 208

第三節・人口流動與江西地方社會的治亂 213

一 明初的戶籍制度及其變化 213

二 明中後期江西的流民問題與政府的應對 219

三 王守仁在南贛的經營 233

四 明後期江西的農民與奴僕起義 248

第三章｜明代江西的農田水利與多種經營

第一節・明代江西的農田水利與農業勞動力 262

一 湖區圩田與山區梯田 262

二 旱澇災害與水利設施 267

三 墾田、稅田的增減與農業勞動力的流失 294

第二節・明代江西糧食的生產與外銷　　　　　　　300

　一　水稻的品種與產量　　　　　　　　　　　300

　二　玉米、紅薯等高產糧食作物的引進　　　　304

　三　江西糧食的外運與「湖廣熟天下足」　　　309

第三節・明代江西經濟作物的種植加工與漁業生產　313

　一　茶、苧、棉等作物的種植與加工　　　　　313

　二　靛、煙等作物的種植與加工　　　　　　　335

　三　漁業的生產與管理　　　　　　　　　　　345

第四章｜明代江西的商品、商人與市場

第一節・手工業的商品化生產與商品的豐盛　　　360

　一　製瓷業　　　　　　　　　　　　　　　　360

　二　造紙業　　　　　　　　　　　　　　　　366

　三　商品的豐盛　　　　　　　　　　　　　　372

第二節・「如隨陽之雁」的明代江西商人　　　　377

　一　江西商人的地域分布　　　　　　　　　　377

　二　江西商人的社會構成與資金來源　　　　　384

　三　江西商人的經營行業與經營方式　　　　　394

　四　江西商人的經營觀念與利潤投向　　　　　407

第三節・江西的城鄉市場及其特點　　　　　　　426

　一　集市　　　　　　　　　　　　　　　　　426

　二　城鎮　　　　　　　　　　　　　　　　　440

　三　主要工商市鎮　　　　　　　　　　　　　451

四　江西城鄉市場的分布及其特點　466

第五章｜江西士大夫與明代政治

第一節・家孔孟而人陽明　484

一　明代江西的官學與私學　484

二　明代江西的科舉之風　493

三　明代江西的舉人與進士　507

第二節・江西士大夫與明代中央政治　520

一　解縉與永樂初政　520

二　楊士奇與「仁宣之治」　529

三　李孜省與「另類」江西士人　536

四　嚴嵩事件與江西士大夫淡出中央決策圈　544

第三節・江西士大夫的政見與政績　555

一　江西士大夫的氣節與政見　555

二　江西士大夫在各地的政績　568

第六章｜「王學」的盛行與明代江西的思想、宗教

第一節・江西的講學之風與異端思潮的興起　582

一　朱季友「獻書」與明廷的處置　582

二　吳與弼與「崇仁學派」　586

第二節・王學在江西的興起與王門江右學派　597

一　王守仁與江西的瓜葛及王學在江西的興起　597

二　江右王門學派的主要代表人物及其活動　602

第三節・江西的「異端」思想家與「宋學中堅」

　　　　羅欽順　618

　一　顏鈞、羅汝芳與王學「異端」　618

　二　何心隱的「大同」思想與社會實踐　629

　三　「宋學中堅」羅欽順及其學術思想　634

第四節・明代江西的宗教　639

　一　明代的宗教政策與江西的宗教活動　639

　二　龍虎山的「天師府」與「天師」　664

第七章｜明代江西的文學藝術與科學技術

第一節・湯顯祖與明代江西的戲劇　686

　一　朱權與《太和正音譜》　686

　二　湯顯祖與「臨川四夢」　692

　三　戈陽腔與明代江西地方劇種和戲劇家　701

第二節・楊士奇與明代江西的文學、史學　712

　一　楊士奇與明前期的「台閣文學」　712

　二　「時文四大家」與晚明江西文風　722

　三　李昌祺的文言短篇小說與鄧志謨的白話神魔小說　735

　四　陳誠、陳邦瞻與明代江西的史學　744

　五　羅洪先、郭子章與明代江西的地理學　753

第三節・宋應星與明代江西的科學技術　762

　一　吳伯宗與江西的天文歷算家　762

　二　宋應星與《天工開物》　766

三　全溪龔氏與江西的醫學家　　　　　　　　　774

第八章｜明代江西的社會風俗及其嬗變

第一節・歲時節令　　　　　　　　　　　784

一　春季　　　　　　　　　　　　　784

二　夏季　　　　　　　　　　　　　791

三　秋季　　　　　　　　　　　　　795

四　冬季　　　　　　　　　　　　　798

第二節・冠婚喪祭　　　　　　　　　　　801

一　冠服　　　　　　　　　　　　　801

二　婚姻　　　　　　　　　　　　　806

三　喪葬　　　　　　　　　　　　　810

四　祭祀　　　　　　　　　　　　　815

第三節・堪輿之風　　　　　　　　　　　823

一　興國三僚村與明代江西的堪輿術　　　823

二　堪輿與明代江西的科舉習俗　　　　830

第四節・曾經「訟風」如潮　　　　　　　　835

一　江西「訟風」的表現及影響　　　　835

二　江西「訟風」的特徵　　　　　　844

三　江西「訟風」的社會文化基礎　　　851

後記　　　　　　　　　　　　　　　　863

主要參考文獻　　　　　　　　　　　　865

第七章 ——

明代江西的文學

藝術與科學技術

第一節 ▶ 湯顯祖與明代江西的戲劇

一 朱權與《太和正音譜》

朱權（1378-1448 年）為明太祖朱元璋第十七子，別號臞仙、涵虛子、丹丘先生等，正統十三年病故，諡獻王，故世稱寧獻王。朱權學識淵博，為明朝第一位戲曲理論家和宗室著名學者。正統十三年九月去世時，《明實錄》對其多才多藝作了如下評價：

王天性穎敏，負氣好奇績，學攻文，老而不倦，方之古賢王迨不多讓。所著有詩、賦、雜文及天運紹統錄、醫卜、修煉、琴譜諸書，又有博山爐古制瓦硯，皆極精致云。[1]

《明史‧諸王傳二‧寧獻王傳》歷數朱權的著述：「嘗奉敕輯《通鑑博論》二卷，又作《家訓》六篇，《寧國儀范》七十四章，《漢唐秘史》二卷，《史斷》一卷，《文譜》八卷，《詩譜》一卷，其它注纂數十種。」《明史‧藝文志》著錄其中的十七種。其作品雖然存世不多，但僅《太和正音譜》一種就已對後世曲界產生重大影響。

《太和正音譜》又名《北雅》、《北曲譜》，上、下兩卷，分《樂府體式》、《古今英賢樂府格勢》、《雜劇十二科》、《群英所

1　《明英宗實錄》卷一七〇，正統十三年九月戊戌。

編雜劇》、《善歌之士》、《音律宮調》、《詞林須知》、《樂府》等八章。朱權為該書作「自序」，書成於洪武戊寅即三十一年（1398），是一部戲曲文學理論、戲曲史料和戲曲音樂理論的著作。而朱權其時僅二十一歲，其序自云：

　　猗歟盛哉，天下之治也久矣。禮樂之盛、聲教之習，薄海內外，莫不咸被仁風於帝澤也，於今三十有餘載矣。……余因清讌之餘，采撫當代群英詞章，及元之老儒所作，依聲定調，按名分譜，集為二卷，目之曰《太和正音譜》；審音定律，輯為一卷，目之曰《瓊林雅韻》；蒐獵群語，輯為四卷，目之曰《務頭集韻》。以壽諸梓，為樂府楷式，庶幾便於好事，以助學者萬一耳。[2]

　　此序不僅說明其作在洪武末年，也說明除了《太和正音譜》，當時已成之作還有《瓊林雅韻》和《務頭集韻》數種。
　　《太和正音譜》內容大致可分兩大部分。
　　第一部分為前七章，是有關古典戲曲（含散曲）的理論及史

2　朱權·《太和正音譜》，《中國古典戲曲論著集成》第三輯，中國戲劇出版社一九五九年版，第 11 頁。按《明太祖實錄》卷一一八載：「洪武十一年五月壬申朔，皇第十七子權生。」是洪武三十一年時朱權年僅二十一歲，則《太和正音譜》是否真為朱權個人所著，抑或為門客所著，當存疑問。事實上，洪武時諸王之藩，明太祖不僅「錫土」，且賜樂戶及劇本，秦、晉、燕、寧諸王府中也確實搜羅了不少劇作家。參見無名氏：《錄鬼簿續編》。

料，包括古曲的體例、流派、制曲技術、北「雜劇」題材分類、古劇角色源流考辨等方面。其中對有元一代曲家的風格流派之研究評價，屬開創性工作，也不乏精彩見解。朱權廣泛地評論了元代劇作家、散曲家一八七人，明洪武時劇作家、散曲家十六人。如在《古今英賢樂府格勢》謂：馬致遠詞如「朝陽鳴鳳」，「典雅清麗」；張可久詞如「瑤天笙鶴」，「可被太華之仙風，招蓬萊之海月」；王實甫詞如「花間美人」，「鋪敘委婉，深得騷人之趣，極有佳句，若玉環之出浴華清，綠珠之采蓮洛浦」等。又謂張鳴善詞如「彩鳳刷羽」，關漢卿詞如「珠筵醉客」，等等。這些評議無不在言辭之中透露出靈俏之氣。其所錄作品名目，也是研討戲曲史的寶貴資料。此外，還有一些關於戲曲聲樂、歌唱方法、宮調性質的論述以及歌曲源流、歷代歌唱家的史料，雖有不少蹈襲前人，但還是增加了許多新的東西。如《詞林須知》部分的內容，基本上襲用了燕南芝庵的《唱論》，但有所增補和發揮。值得一提的是，《群英所編雜劇》分列「國朝三十三本」，著錄了明初雜劇作家的雜劇名目，其中在他本人——丹丘先生的名下著錄的雜劇劇目有《瑤天笙鶴》、《白日飛升》、《獨步太羅》、《辨三教》、《九合諸侯》、《私奔相如》、《豫章三害》、《肅清瀚海》、《勘女石婦》、《煙花判》、《楊女矣復落娼》、《客窗夜話》十二種，這在明初雜劇家中是較為豐富的。

另一部分為第八章《樂府》，即北雜劇曲譜，占全書篇幅五分之四。根據北曲黃鐘、正宮、大石調、小石調、仙呂、中呂、南呂、雙調、越調、商調、商角調、般涉調等十二宮調分類，逐一記述各個曲牌的句格譜式，以元明雜劇或散曲的作品為譜例，

「依聲定調，按名分譜」，詳細說明四聲平仄，用大小字體標清正字和襯字，共收曲牌三三五支。這是專為創作北曲制訂的標本，明清人所撰北曲曲譜，都取材此書。明人范文若的《博山堂北曲譜》、清人李玉的《北詞廣正譜》，以及《欽定曲譜》、《九宮大成南北詞譜》中的北曲部分，都是以《太和正音譜》為基礎，重新編制而成的。[3]

故台灣盧元駿在重印《太和正音譜》小序中說：

惟世之所最推重者，則為其所著《太和正音譜》一編，盛傳後世，而為研究元明北曲之要籍焉。譜凡二卷；上卷分列樂府體式、古今英賢樂府格勢、雜劇十二科、群英所編雜劇、善歌之士、音律宮調及詞林須知諸大端，靡不詳盡。而尤以樂府格式，評盡元明曲家之風格，及群英所編雜劇，著錄元明雜劇目，至為完備。下卷為曲譜，則分宮別調，詳載譜式，誠為現存最古之北曲譜。[4]

3　參見《太和正音譜提要》，《中國古典戲曲論著集成》第三輯，第 3-4 頁。按：《提要》說朱權為明太祖「第十六子」，誤。按前引《明太祖實錄》於朱權生時明言為「皇第十七子」；談遷《國榷》及《明史‧諸王傳》都將明太祖諸子列出，朱權為第十七子。但此誤首見於《明英宗實錄》卷一七〇：「正統十三年九月戊戌，寧王權薨。王，太祖高皇帝第十六子，母楊氏，洪武十一年生，二十四年冊封，之國大寧。」

4　盧元駿‧《太和正音譜小序》，《續修四庫全書》第一七四七冊。

今存各種版本的《太和正音譜》卷首有洪武三十一年朱權之自序，為曲壇所珍視。明臧懋循曾摘錄《太和正音譜》中論述作家、作品部分，改名為《涵虛子曲品》，載其《元曲選》卷首。《太和正音譜》現通行版本，是《涵芬樓秘籍》中的影鈔明初洪武間原刻本，以及清代長洲汪氏所藏影寫洪武間原刻本、清代山陰沈氏藏別本影寫洪武間刻本，此外還有《錄鬼簿（外四種）》本、明人程明善輯刻《嘯餘譜》本、崇禎間黛玉軒刻本等流行。中華人民共和國成立後，由中國戲劇出版社整理刊印《中國古典戲曲論著集成》，《太和正音譜》收入該集成的第三輯，係根據涵芬樓秘籍所收現存最早的影鈔明初洪武間原刻本重新校印，並用明代萬曆四十七年流雲館刻《嘯餘譜》本校勘，附有詳細校勘記。

《太和正音譜》為古典戲曲理論的研究提供了具有參考價值的史料，特別是曲譜部分，是現存最古的北雜劇曲譜。朱權關於音樂理論方面的著述，除《太和正音譜》外，還有《太古遺音》、《琴阮啟蒙》、《神奇秘譜》等。

朱權能夠在二十一歲即整理出《太和正音譜》等文獻，其實與元末明初的社會風氣和明太祖的喜好有著密切的關系。李開先說明太祖之好戲曲：

洪武初年，親王之國，必以詞曲一千七百本賜之。對山（康海）高祖名汝楫者曾為燕邸長史，全得其本，傳至對山，少有存

者。[5]

　　雖然「一千七百本」之說不免有所誇張，但諸王之國時，明太祖為其選名儒、選高僧確是事實；而洪武諸王中又出現了為數不少的文學家、戲曲家，賜劇本之事應該是有根據的。徐渭《南詞敘錄》中的一段記載也可成為明太祖喜好戲曲並以劇本賜諸王的佐證：

　　永嘉高經歷明，避亂四明之櫟社，惜伯喈之被謗，乃作《琵琶記》雪之。……我高皇帝即位，聞其名，使使徵之，則誠詳狂不出，高皇不復強。亡何，卒，時有以《琵琶記》進呈者，高皇笑曰：「五經四書，布帛菽粟也，家家皆有；高明《琵琶記》，如山珍海錯，貴富家不可無。」[6]

　　既然是貴富之家不可無，皇族子弟自然是應該有的。當時不僅賜劇本，還賜給樂戶。《明太宗實錄》記，成祖即位的當月（建文四年七月），即「補賜」諸王樂戶。[7]這是沿用洪武時的慣例。雖然為王府配給樂戶從本意來說是為了各種典禮儀式的需

5　李開先：《麓中麓閒居集》卷六《張小山小令後序》。

6　徐渭·《南詞敘錄》，《中國古典戲曲論著集成》第三輯，第 240 頁。

7　《明太宗實錄》卷一〇下洪武三十五年（即建文四年）七月壬寅條記：「敕禮部臣曰：昔太祖高皇帝封建諸王，其儀制服用俱有定著。樂工二十七戶，原就各王境內撥賜，便於供應。今諸王未有樂戶者如例賜之，有者仍舊，不足者補之。」

要，但明太祖的這一舉措客觀上卻在各王府為子孫保留了一批戲曲的種子，寧獻王朱權及周憲王朱友燉便是其中的碩大者。而成祖在燕邸時，身邊除了姚廣孝、袁珙等出謀劃策的謀士，還有賈仲明、湯舜民、楊景賢等戲劇作家，相信寧府也有這類人物，即所為「當代群英」及「元之老儒」，他們應是朱權完成這些著作或作品的參與者。[8]

二　湯顯祖與「臨川四夢」

湯顯祖（1550-1616 年），臨川人，字義仍，號海若，又號海若士，一稱若士，自署清遠道人，晚年自號繭翁，別號玉茗堂主人。

湯顯祖生於詩書禮儀之家，祖上四代都有文名，家中藏書萬卷。父祖輩嗜書喜文，並酷愛戲曲歌藝，出於對湯顯祖的厚望，課讀要求十分嚴格。

湯顯祖二十一歲中舉時，就已久負盛名。但在此後的兩度會試中，因不肯阿附首輔張居正而兩度落榜。直到萬曆十一年，即張居正死後次年，三十三歲的湯顯祖始中進士，授南京太常博士，遷南京禮部主事。在職期間，與東林黨人鄒元標、顧憲成等交往甚密，同時也深深地感受到「仙都」南京的文學與戲曲氣氛。萬曆十九年，上《論輔臣科臣疏》，歷數神宗在位二十年間朝政腐敗、科場舞弊、弄臣賄賂、言路阻塞等弊端，因而觸怒了

8　無名氏：《錄鬼簿續編》。

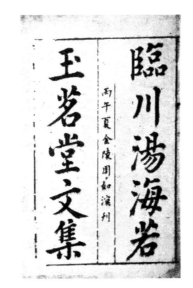

・萬曆三十四年（1606）刻《玉茗堂文集》。

當道，謫為廣東徐聞縣典史。一年後，調任浙江遂昌知縣。湯顯祖清廉簡朴，體恤民情，在當地修相圃書院及演武堂，教民學文習武，又下鄉勸課農桑、平反冤獄、懲處地方惡霸，深得民心。終因不滿朝政腐敗，於萬曆二十七年棄官回鄉閒居，寓所號「玉茗堂」，致力戲劇和文學創作活動，終其一生。**9**

　湯顯祖承家傳亦酷愛戲曲藝術，政治仕途上不得志，便把全部精力放在了戲曲創作上。在南京任職時，湯顯祖始作《紫簫記》，因涉嫌影射「秉國首揆」而輟筆，後改寫為《紫釵記》。

9　《明史》卷二三○《湯顯祖傳》，錢謙益：《明朝詩集小傳》丁集中，《湯遂昌顯祖傳》。

棄官返鄉之年作《還魂記》（即《牡丹亭》），頓時在社會上引起
轟動。酷愛戲曲的沈德符驚嘆：「《牡丹亭》一出，家傳戶誦，
幾令《西廂》減色。」[10]沈寵綏《弦索辨訛序》說：「擅才情則
推臨川。臨川胸羅二酉，筆組七襄，玉茗四科，膾炙詞壇。」清
人姚燮《今樂考證》則認為：「《還魂》妙處種種，奇麗動人，
稱古今絕唱。」[11]萬曆二十八年夏，湯顯祖作《南柯記》，次年
秋作《邯鄲記》。此四大傳奇劇皆有夢境構想，故並稱「臨川四
夢」；因其所居名玉茗堂，故又稱「玉茗堂四夢」。

　　湯顯祖少年時代曾深受程朱理學的熏陶，後結識並拜泰州學
派學者江西南城羅汝芳、永新顏鈞為師，受其影響而逐漸拋棄傳
統的程朱理學。在南京為官時，他傾心佩服從禪宗的立場上反對
程朱理學的高僧達觀，佩服泰州學派的另一位思想家李贄。達觀
雖為和尚，但其入世濟天下的思想與超然出世、潔身明志的思想
並存，湯顯祖在這一點上與達觀頗為相似。而李贄那富有強烈叛
逆性和積極進取性的思想，以及崇尚真性情而反對假道學，針對
文學失「真」的通病而倡導的「童心」說，也給湯顯祖以促進與
鼓舞。對國計民生的共同關心，使湯顯祖將一些早期的東林黨人
引為知己，眾人吟詩唱和、討論時政。湯顯祖雖然不斷在拜師結
友，又尊師好學，卻並不盲從。在對人生的深切體驗中，他形成

10　沈待符：《萬曆野獲編》，卷二五《詞曲》
11　姚燮‧《今樂考證》，《續修四庫全書》第一七五九冊。而《柳亭詩話》
　　及《黎瀟雲語》還記載當時有少女讀其劇作「忿愧而死」及杭州女伶
　　演「尋夢」時感情激動，卒於舞臺，足見其影響之巨，感人之深。

自己的具有鮮明人文主義色彩的「知生貴生」思想，即「天地之性人為貴」。在「生」的權利面前，從尊重人的生存權利出發，形成了關心民生疾苦、為民興利除弊的思想。在哲學觀念上，他歸納出一個「情」字，總結並提出「情至說」，認為「世總為情」，「人生而有性」，「性無善無惡，情有之」，肯定「情」是生活的客觀規律，與正統思想的「理」相對立。

·《紫釵記·榮歸燕喜》圖，《湯顯祖集》（上海人民出版社 1973 年版）第 1665 頁。

治理天下，湯顯祖也認為應首先喚起人「情」。[12]「貴生」的社會理想與「情至上」的哲學觀念，既是他為官施政的准則，也是他戲劇創作的思想基礎，融會貫穿於他的「四夢」中。

「四夢」第一劇是《紫釵記》。此劇取材於唐人傳奇小說《霍小玉傳》，但情節改動很大。故事梗概是：才子李益元宵燈會拾得小玉紫釵，與小玉喜結良緣。後赴考高中狀元，卻得罪盧太

12　湯顯祖：《耳伯麻姑游詩序》、《宜黃縣戲神清源帥廟記》、《複甘義麓》等篇，見《湯顯祖詩文集》卷三四、四七，上海古籍出版社一九八二年版。

尉，命往玉門邊關參與軍事。李益建功凱旋，盧太尉又欲招其為婿，將其幽禁於盧府，勸婚逼親；同時派人蒙騙小玉，詐稱李已入贅盧府。小玉聞訊，肝腸寸斷，病中夢見黃衣人送鞋，這是連理重諧的預兆。有了此夢的精神力量，小玉之病漸愈。後因法力廣大的黃衫豪士仗義相助，盧太尉被彈劾削籍，李益小玉夫妻得以團圓。劇中人物個個栩栩如生。情義並重、情義至上、以情格權、情義勝權，成為《紫釵記》宣揚和盛贊的主題。

　　湯顯祖最負盛名的代表作當然是「臨川四夢」中的第二夢《牡丹亭》即《還魂記》。《牡丹亭》取材明代話本小說，成於萬曆二十七年秋。劇情為：南宋時江西南安郡太守杜寶的女兒杜麗娘，春日游園，見到一溫雅書生柳夢梅。此後，她為相思所苦，感夢傷情而死。三年後，柳夢梅赴京趕考，經過埋葬杜麗娘之處，麗娘的鬼魂與柳相遇，兩人情深意切，麗娘得以再生。兩位至情男女終成恩愛夫妻。不料，杜寶堅持反對兩人的結合，且不認女兒。柳夢梅喜中狀元，最後皇帝裁定父女夫妻相認。皇命固難違，當然更重要的是柳夢梅不再是一介貧寒書生而是新科狀元，杜寶默認了麗娘、夢梅的自主婚姻，於是一家團圓。此劇面世，轟動文壇劇壇。人生而有性，世總為情，情至上的觀念在《牡丹亭》中全盤托出。情之所至，生可以死，死可以生，更可以與理相抗衡。一曲情的禮贊，控訴了封建禮教對人們幸福生活、美好理想的扼殺與摧殘，也表達了在封建專制重壓下青年要求個性解放，爭取愛情自由、婚姻自主的呼聲；同時通過歌頌杜麗娘的無畏抗爭，構想出愛情終於獲勝、情終勝理的理想結局，給人以啟示與鼓舞。

·《牡丹亭·驚夢》圖,《湯顯祖　·《牡丹亭·玩奧》圖,《湯顯祖集》第
　集》第1847頁。　　　　　　　　1924頁。

　　萬曆二十八年,湯顯祖寫出《南柯記》,第二年《邯鄲記》
問世。兩劇都據唐人傳奇小說更衍而成。

　　《南柯記》敘述的是唐貞元年間,東平人淳於芬,一日醉倒
居所庭院中古槐樹下,入夢,被蟻國招為駙馬,封官南柯太守。
淳於芬辛勤治政二十年,政績斐然,因之加官晉爵,卻為宮中右
相妒忌。右相挑唆皇上召駙馬回宮,公主病卒,淳依舊受寵,得
意忘形,酗酒尋歡,聲名狼藉。時值天象有變,右相進讒,淳被
遣還人世。驚醒,乃知是南柯一夢。人生如蟻如夢,淳覺一切皆
空,便遁入空門。作者在劇中既謳歌了真情的美好,又鞭撻了矯
情的醜惡。托之於蟻穴世界的寓言,既描繪了理想國的藍圖,又
慨嘆理想無法實現,社會不可救藥,人生無常,仕途維艱等。

　　《邯鄲記》的情節最為簡單,說唐開元年間,秀才盧生一日

投宿酒店，借得呂洞賓一瓷枕作眠，朦朧間，神入枕竅，做一夢：盧生娶崔小姐為妻，婚後崔氏讓他攜家兄「錢」去應考。以錢開道、廣行賄賂，果然被欽點為狀元。後因得罪宰相，屢屢遭讒，又每每因禍得福：開河道、立河功，御強虜、立邊功，又被流放，復又升官當道。最後淫樂無度，死於相位，臨終時尚念念不忘後事。一夢醒來，店主的黃粱

・《南柯記・尋寤》圖，《湯顯祖集》第2257頁。

米飯還未蒸熟。人生不過如此，盧生感慨萬分，遂隨呂洞賓出家。此劇與《南柯記》有近似之處，但重點則是對科舉制度與官場的揭露與批判。

「四夢」是一個整體，「情」的觀念貫穿其間，並有所發展。《紫釵記》確立了以情格權的思想，《牡丹亭》則向著以情格理的深度推進。若說前二夢是對真情的歌頌，後二夢則是對矯情的批判。後二夢題材有所拓寬，筆觸深入社會政治生活領域。但是社會現實使湯顯祖看不到出路，痛苦之餘，積極批判之餘，他只能用消極避世的思想來安慰自己。「四夢」的發展也顯示出湯顯祖思想上從對君主尚抱有希望，到憤世、醒世，希望破滅，乃至出世的變化過程。

湯顯祖因感世而夢，借夢以諷世，借夢以抒情，借夢以追求理想的天地，借夢以避文禍，即如其所言：「因情成夢，因夢成戲。」湯顯祖浪漫主義的遐想融會於現實主義的筆觸中，既有現實的深度，又閃耀著理想的光輝，構成傳奇劇真實與奇幻相統一，神奇中蘊含著真實的藝術效果。作品飛揚的文采、天然妙致的語言，則為虛實一體的夢境平添無盡的情趣。

　　與「四夢」同垂千古的是湯顯祖的文藝思想，主要是戲劇理論。其論述以《宜黃縣戲神清源師廟記》較為集中系統，其他則散見與友人的書信及辭賦酬唱中。湯顯祖認為，情乃戲之源，戲曲是一種言「情」的藝術，能「極人物之萬途，撰古今之千變」[13]。而要達到這個目的，光有好的主題還不夠，演員必須要善於體會所表現的人物之「情」，進行逼真的表現，才能收到觀眾忘我動「情」之效。湯顯祖主張創新，反對因襲泥古的保守文風，「凡文以意趣神色為主」[14]。即重言情，重靈氣，重意輕律，維護曲詞的神氣俊采，而不苛求曲詞合律依腔。他自己勤於藝術實踐「為情作使，劬於伎劇」，同臨川一帶上千名宜黃班藝人保持著廣泛的連繫，實際上成了地方戲曲運動的領袖。他還親自為演員解釋曲意，指導排練，「自踏新詞教歌舞」，「自掐檀痕教小伶」。

　　圍繞戲曲藝術的內容與形式，曲意與聲律的關係，湯顯祖與

13　《湯顯祖詩文集》卷三四《宜黃縣戲神清源師廟記》。
14　《湯顯祖詩文集》卷四七《答呂姜山》。

當時曲匠們的宗師、吳江派的領袖沈璟展開了一場爭論，是謂明代曲壇上著名的湯、沈之爭。湯、沈之爭的起因在於沈璟改動了湯顯祖的《牡丹亭》，湯顯祖的好友呂玉繩將此事告訴湯顯祖，並寄去了沈璟的改本。湯顯祖看到後對沈璟提出批評，並表達了自己的戲曲主張。他強烈反對沈不顧劇作內容與文采意趣，唯律至上的形式主義傾向。當時王驥德在《曲律・雜論下》中對這一爭論的起因及爭論的過程有記載：

　　吳江（按：沈璟）嘗謂：「寧協律而不工，讀之不成句，而謳之始協，是為曲中之巧。」曾為臨川改易《還魂》字句之不協者，呂吏部玉繩（郁蘭生尊人）以致臨川。臨川不懌，復書吏部曰：「彼惡知曲意哉！余意所至，不妨拗折天下人嗓子。」其志趣不同如此。

　　湯、沈之爭持續了相當一段時間，客觀上促進了我國戲曲聲腔的發展，而湯顯祖倡導的美學原則與創新精神更值得肯定。正是出於這種創新精神，使得湯顯祖在拓寬我國古典戲劇表現領域的同時，自己也成為我國戲曲藝術的浪漫主義巨匠。

　　湯顯祖的作品和戲劇實踐活動具有深遠的影響。師法於他的「臨川派」戲劇家，在明代有吳炳、孟稱舜等，在清代有李漁、洪升、蔣士銓等。直到今天，《四夢》裡的許多精彩片斷還保留在昆劇舞台上。贛劇弋陽腔《還魂記》還被攝成彩色影片，深受廣大觀眾歡迎。湯顯祖不僅屬於中國，也屬於世界。二十世紀初，他的作品不斷被翻譯介紹到國外，乃至被一些學者譽為「東

方的莎士比亞」 **15**。

湯顯祖的劇作詩文自明代以來刊本甚多，其戲曲則與其他作品一樣，為當局所忌諱，《四庫全書》只存目其詩文《玉茗堂集》二十九卷。一九六二年，中華書局參照歷代刻本，詳加校勘，出版了包括湯顯祖全部作品的四冊校勘本《湯顯祖集》，這是迄今最為完善的湯顯祖著作版本。一九七三年上海人民出版社再版。一九七八年和一九八二年，上海古籍出版社又先後將戲曲和詩文分別從《湯顯祖集》中抽出單獨出版，使湯顯祖的戲曲詩文得到更為廣泛的流傳。

三 弋陽腔與明代江西地方劇種和戲劇家

在元代各類聲腔的競爭和交流中，江西的弋陽腔開始嶄露頭角，自明初開始，它不斷繁榮發展，演變成為一個聲腔系統，影響遍及南北。弋陽腔、昆山腔、海鹽腔、余姚腔四大聲腔成為明代南戲的代表，並且取代了北曲在戲曲舞台上的霸主地位，引領風騷數百年。四大聲腔中的弋陽腔、昆山腔及海鹽腔的發展，與江西有密切的關系。

從明初永樂至嘉靖、隆慶年間，在當時南戲諸腔中，產生於

---

15 當然，對於這種比喻，筆者並不苟同。在中國古代戲曲發展史上，湯顯祖無疑具有重要的影響，但無論是從作品的數量還是各方面的影響力，莎士比亞都是獨一無二的。而湯顯祖的作品，無論從當時的傳播狀況還是在中國古代戲曲史上，真正具有震撼力和影響力的，也只是《牡丹亭》。

江西的弋陽腔流布範圍最廣，影響也最大。明人徐渭將弋陽腔列為諸腔之首：

今唱家稱「弋陽腔」，則出於江西，兩京、湖南、閩、廣用之；稱「餘姚腔」者，出於會稽，常、潤、池、太、揚、徐用之；稱「海鹽腔」者，嘉、湖、溫、台用之。惟「昆山腔」正行於吳中，流麗悠遠，出乎三腔之上，聽之最足蕩人，妓女尤妙此，如宋之嘌唱，即舊聲而加以泛豔者也。[16]

魏良輔《南詞引正》（又名《曲律》）更說：

腔有數樣，紛紜不類。各方風氣所限，有昆山、海鹽、餘姚、杭州、弋陽。自徽州、江西、福建，俱作弋陽腔，永樂間，雲、貴兩省皆作之，會唱者頗入耳。惟昆曲為正聲，乃唐玄宗時黃幡綽所傳。[17]

魏氏於四大聲腔外，又舉出「杭州腔」，且說明弋陽腔在明初永樂間已傳至雲南、貴州兩省，那時魏氏已認為昆山腔才是「正聲」，而徽州、江西、福建仍然俱作弋陽腔。可見弋陽腔起

16　徐渭：《南詞敘錄》，《中國古典戲曲論著集成》，第三輯，中國戲劇出版社一九五九年版，第242頁。
17　魏良輔：《南詞引正》，《中國古典戲曲論著集成》，第五輯，第5-6頁。

碼在明初永樂間已相當盛行，其流播地除江西本土外，安徽、浙江、江蘇、湖南、福建、廣東、雲南、貴州、北京、南京皆風行，遍及全國。

那麼，弋陽腔何以流播地域能夠如此廣闊呢？這應當和它的腔調特質以及保持許多早期戲文面貌有密切的關係。弋陽腔的特色在於：鑼鼓幫襯，不入管弦；一唱眾和，音調高亢；無須曲譜，鄙俚無文；曲牌聯套多雜綴而少套式曲中發展出滾白和滾唱等。[18]但需要強調的是，弋陽腔的廣泛傳播更與元末明初開始並持續到清中期的江西人口流動密切相關。江西移民到哪裡，江西商人也到哪裡，江西會館（或稱「萬壽宮」、「蕭公祠」、「晏公祠」、「昭武廟」等）便建到哪裡。幾乎所有的江西會館都有戲台，或建在會館主體建築之內，或在其外。如至今尚在的四川成都洛帶鎮的江西會館，會館之內有六角戲台，會館外又有「萬年台」。而江西移民聚集地所唱的，自然就是江西戲曲，是弋陽腔。清嘉慶二十四年所發生的震驚朝野的湖南湘潭江西客民與湖南土著居民之間的械斗，其起因正是搬演江西戲曲。[19]

弋陽腔形成於江西東部廣信府弋陽一帶，故得名。它以當地的目連戲為基礎，在搬演南戲傳奇的過程中，不斷吸取當地民間藝術養料如音樂、歌舞（如儺舞）等，以及北曲雜劇的唱腔發展

18　參考曾永義：《戈陽腔及其流派考述》，《台大文史哲學報》第六十五期，二〇〇六年十一月。

19　參見方志遠：《明清湘鄂贛地區的人口流動與城鄉商品經濟》，人民出版社二〇〇一年版，第 681-683 頁。

而成。弋陽地屬廣信府，與饒州府毗鄰，語言系統屬中州語系，與吳浙音區別很大。因其語音語調風格獨特，故在南戲系統中，它有別於吳浙語系的海鹽、余姚和昆山三腔而自成一家。湯顯祖在《宜黃縣戲神清源師廟記》一文中，記述了弋陽腔的演唱情況：曲體為長短句的曲牌聯綴，後發展了滾唱（調），即在曲牌聯套的結構形式中插進一段或數段類似朗誦體的歌腔。這種通俗的韻文能解釋深奧的曲文，既便於抒情，又利於理解，念的稱滾白，唱的稱滾唱。唱詞淺白，通俗易懂，且不受格律限制，讀來順暢，聽來分明。曲調高昂激越，直率奔放，字多腔少，一洩而盡，較少婉轉曲折。後來的梆子和皮黃等板腔體音樂就是在這個基礎上發展起來的。藝術風格粗獷豪放，演唱靈活自由，一人唱而眾和之，獨唱和人聲幫腔結合交替。亦有緊板慢板，善「錯用鄉語」，即用方言演唱，無弦索和管樂，只用鑼鼓伴奏，「其節以鼓，其調宣」[20]。弋陽腔擅演連台多本戲，劇目多以歷史傳說和神話故事為內容，如《三國傳》、《水滸傳》、《岳飛傳》、《西遊記》等，故事有頭有尾，並善於「改調歌之」，大量採集其他聲腔的劇本來上演。可見，弋陽腔在聲腔形式及劇目特點等方面，鄉土氣息濃郁，為群眾喜聞樂觀，適合於草台演出，便於在群眾中流傳。弋陽腔以其通俗粗獷的風格與人民群眾保持著密切的連繫，同時又能夠不斷從民間藝術的土壤中汲取營養，豐富壯大自己，因而在民間，特別是在廣大鄉村有著深厚的基礎，經久

20　湯顯祖：《湯顯祖詩文集》卷三四《宜黃縣戲神清源師廟記》。

不衰。**21**

　　茲舉《珍珠記》【江兒水】一曲為例，以見明代弋陽腔劇的面目：

　　【江兒水】（旦）憶昔爹娘嬌養，愛奴如掌上珍，誰知今日受此情況？夫！你遇著奸相，逼做東床。（白）你在溫府中呵，（唱）穿的是綾羅錦繡，吃的是百味珍饈。朝朝筵宴穩坐高堂，怎知道妻房到此銜冤枉！（滾白）爹娘呵，你倚定門兒牢望。你那裡掛念兒行，兒在京城思想爹娘。正是人居兩地，天各一方。多應是阻隔這煙水雲山，兩地一般情況。（唱）恨只恨溫氏太心狠，高文舉！你是個薄幸郎！將我恁般磨瘴。奴不憚千里迢遙，指望尋夫返故鄉，誰知今朝沒下場。（合）誤了我青春年少，耽攔我佳期多少，閃得人有上稍來沒下稍。**22**

21　弋陽腔的這些特點多被士大夫目為「俗」和「土」，遭到他們的嘲笑與排斥。祝允明在《猥談‧歌曲》中便提到：「數十年來，所謂『南戲』盛行，更為無端。於是聲音大亂……蓋已略無音律、腔調。愚人蠢工，徇意更變，妄名余姚腔、海鹽腔、戈陽腔、昆山腔之類。」泰昌元年刻本馮夢龍《新平妖傳》卷首張譽序則說「弋陽劣戲，一味鑼鼓了事」。凌濛初《譚曲雜札》批評湯顯祖不諳昆山腔音律，指責他入弋陽腔之俗：「義仍自云：『駘蕩淫夷，轉在筆墨之外，佳處在此，病處亦在此。』彼未嘗不自知。只以才足以逞而律實未諳，不耐檢核，悍然為之，未免護前，況江西弋陽土曲，句調長短，聲音高下，可以隨心入腔，故總不必合調，而終不悟矣。」

22　明萬曆金陵文林閣刻本《高文舉珍珠記》第二十出《逢夫》，收入《古本戲曲叢刊》二集第一函，（上海）商務印書館一九五五年版，第17頁。

正是民間性與草根性賦予了弋陽腔以頑強的生命力，使其獲得了巨大的傳播空間和傳播效應。這種民間性，除了題材選擇、創作立場等外，從語言上看，是「錯用鄉語」，也就是說，它走到什麼地方，就採用什麼地方的方言演唱，入鄉隨俗，落地開花，這就使它從審美本性上更貼近大眾，更能適應各地條件，故「四方土客喜聞之」[23]，贏得了各地的觀眾並在各地很快發展起來。從音樂上看，是繼承發展了南戲演唱「順口可歌」的民間傳統。弋陽腔的曲調多出自宋詞和民歌小調，沒有固定的曲譜規範。它「向無曲譜，只沿土俗」[24]、「改調歌之」[25]，保持了即興式的民間創作的自由本性。弋陽腔的特點使得它極易在各地生根，同當地方言和民間藝術相結合，進一步促進聲腔的地方化。但是，也正是因為它的入鄉隨俗，所以也容易和其他聲腔相融合而產生新的聲腔。

嘉靖、隆慶間，弋陽腔流行於松江地區，當時就有藝人對弋陽腔作過改造，吸收較雅正、柔婉的聲腔，試圖使弋陽腔適應聽慣了崑曲的江南觀眾，但結果並不如意。范濂《雲間據目抄》說：

戲子在嘉、隆交會時，有弋陽人入郡為戲，一時翕然崇尚，

23　顧起元：《客座贅語》，卷九《戲劇》。
24　李調元·《劇話》卷上，《中國古典戲曲論著集成》第八輯，第 46 頁。
25　朱彝尊·《靜志居詩話》，卷十四《梁辰魚》。

弋陽人遂有家於松者。以後漸覺醜惡，弋陽人復學為太平腔、海鹽腔以求佳，而聽者愈覺惡俗。故萬曆四、五年來遂屏跡，仍尚土戲。[26]

　　嘉靖以後，流傳到江西樂平的弋陽腔，演變成了樂平腔；流傳到安徽的弋陽腔，分化為徽州腔（四平腔）、池州腔（青陽腔）、太平腔、石台腔；流傳到浙江，發展成義烏腔；流傳入北京，則變為京腔。於是，弋陽腔由一個聲腔劇種，經過在不同地區的演出並與當地地方劇種的融合，形成一個聲腔系統。屬於這一系統的諸聲腔，共同特點是音調高亢、富有朗誦意味，故稱「高腔」。這可以說是弋陽腔的全盛時期，但也是逐漸消失的開始。至清代，高腔進入北京，曾盛極一時，成為京劇的先聲。當時曾有「南昆、北弋（即指京腔）、東柳、西梆」之說。作為地方戲曲四大聲腔系統之一的高腔，在今天的贛劇、湘劇、祁陽戲、川劇、閩劇、潮劇等不少戲曲劇種仍有所保留。所以，弋陽腔也被稱為是中國高腔戲曲的鼻祖，被譽為中國四大聲腔之首。

　　昆山腔於元末產生於江蘇昆山一帶。早年流傳不及弋陽、海鹽、余姚三腔廣泛，「只行於吳中」[27]，以清曲小唱馳名，後來才成為演唱傳奇的南戲聲腔。因其唱腔清麗悠遠，悅耳動聽，深

26　范濂：《雲間據目抄》，卷二，《筆記小說大觀》第十三冊，廣陵古籍刻印社一九八三年版。
27　徐謂：《南詞敘錄》。

受文人士大夫喜愛，亦受到他們的扶持，故在城市裡較為流傳，這與弋陽腔深受百姓喜愛，盛行民間鄉村小鎮，構成鮮明的對比。士大夫的大力扶持，促成了昆山腔的大發展。其中首功當推江西的音樂家魏良輔。昆山腔經魏良輔的革新，開始走向興盛。此後，湯顯祖名垂千古的傑出創作，亦為昆山腔傳奇戲增輝添彩。

魏良輔，號尚泉（或上泉），原籍江西豫章（南昌），寓居江蘇太倉。太倉以善歌聞名，魏良輔初習北曲，因覺不及北人，便發憤改習南曲。改革之前的昆山腔，腔調平直，尚欠韻味和意趣。魏熟諳當時流行的南北曲多種聲腔，為探索南曲的改進，創造新的聲腔，付出了艱辛的勞動。清人余懷《寄暢園聞歌錄》說他「鏤心南曲，足跡不下數十年」。魏良輔在張野塘、過雲適等戲曲家的協助下，對舊的昆山腔進行了改革，於唱曲和伴奏兩個方面取得突出成就。在唱曲方面，集北曲及南曲海鹽、弋陽等聲腔之所長，同時發揮昆山腔本身「流麗悠遠」的特點，講究「轉喉押調」，「字正腔圓」，要求唱出「曲情理趣」等。改革以後的昆山腔，「調用水磨，拍捱冷板，聲則平上去入之婉協，字則頭腹尾音之畢勻，功深熔琢，氣無煙火，啟口輕圓，妝音純細」，故昆山腔又稱「水磨腔」。南詞音理，自有良輔，「已極抽秘逞妍矣」[28]。伴奏方面，亦是眾采群英，將弦索、簫管、鼓板三類

28　沈寵綏：《度曲須知・曲運隆衰》，《中國古典戲曲論著集成》第五輯，中國戲劇出版社一九五九年版。

樂器合為一體，一改南戲諸聲腔僅用鑼鼓板而無管弦伴奏的舊習，大大地豐富了昆山腔的音樂伴奏。從此，昆山腔音色豐富，既體現出南曲清柔舒徐、婉轉有致的特點，又保存了北曲激昂慷慨的聲腔，其藝術技巧及表現力都達到了當時的高峰。它以「新聲」的姿態出現，備受眾士大夫與廣大市場的青睞，逐漸取代海鹽腔而成為南戲「正宗」。魏良輔的改革為昆腔由清唱走上戲曲舞台邁出了極其重要的第一步，開創了戲曲舞台上昆山腔與弋陽諸腔並駕稱盛的新局面，並極大地影響了其他地方戲曲音樂的發展。他晚年著《南詞引正》，論述昆山腔的唱法，是繼元朝燕南芝庵的《唱論》之後的又一戲曲聲樂論著，對戲曲藝術理論作出了重要貢獻。因此，後世奉他為昆腔鼻祖，藝壇尊其為「曲聖」。

海鹽腔元末產生於浙江，入明以後南北盛行。嘉靖年間，海鹽腔傳入江西宜黃、臨川一帶。宜黃戲班伶人本來演唱弋陽及徽州青陽諸腔，至此競相學唱海鹽新腔，海鹽腔遂一時風靡江西。海鹽腔調因宜黃人在演唱過程中結合當地鄉音土語而不斷發生變化，又被人稱為宜黃腔。也就是說，海鹽腔在江西演變成了宜黃腔。宜黃腔的走紅和揚名，還在於它首先上演了湯顯祖的名作「臨川四夢」。「四夢」是湯顯祖按海鹽腔曲牌為宜黃戲而寫的，首先在宜黃戲人中傳唱，在玉茗樓上演，而後才為其他聲腔所搬演[29]，並成為昆曲的傳統保留劇目。

---

29 南戲各聲腔習慣互相改調而歌，湯、沈之爭的直接原因即在於沈璟改

　　此外，明代江西還有兩位較有影響的戲曲作家，一為謝廷諒，一為鄭之文。

　　謝廷諒，字友可，號九紫，撫州府金溪人[30]，萬曆二十六年進士，「未授官，即極論礦稅之害」，旋授南京刑部主事，終順慶知府。[31]謝廷諒與湯顯祖自幼結識，湯顯祖特請謝廷諒為詩集《問棘郵草》作序，其處女作《紫簫記》亦得到廷諒的鼓勵。時人把謝廷諒與湯顯祖相提並論：「九紫先生兄弟叔侄同時四登進士榜，而九紫名尤赫，與若士湯先生並幟詞壇，時有湯、謝之目。」著有《紈扇記》、《詩囊記》、《離魂記》等傳奇及詩集《薄游草》。《紈扇記》被明呂天成《曲品》贊譽為「才人之筆」。

　　鄭之文，字應尼、豹先，號豹卿，建昌府南城人，萬曆中登進士，官南部郎。出為真定知府。[32]著有《旗亭記》、《芍藥記》和《白練裙》傳奇三種，且填詞精妙，有《遠山堂》、《錦硯齋集》並行於世，其劇作以塑造女性典型見長。亦與湯顯祖友善，為忘年之交，湯顯祖曾為《旗亭記》作序，對該傳奇大加贊賞。

　　《旗亭記》共兩卷四十出。劇中敘宋代饒州德興人董國度（字元卿），在金兵南下兵荒馬亂中，經歷苦難與家人團聚的故事。此劇本事原見於宋洪邁《夷堅志》卷一《俠婦人》、馮夢龍

動了湯顯祖的《牡丹亭》。

30　呂天成《曲品》、莊一拂《古典戲曲存目匯考》等謂謝廷諒為湖廣人，有誤。

31　《明史》卷二二三《謝廷贊傳附》。

32　詹賢：《詹鐵牛文集》，卷四《處士謝翁潭先生傳》，《四庫禁毀書叢刊》，北京出版社一九九八年影印本。

《情史》卷四《董國度妻》，結尾董生與隱娘團聚情節則為鄭之文增出。湯顯祖《董元卿旗亭記・序》贊曰：「立俠節於閨閣嫌疑之間，完大義於山河亂絕之際，其事可歌可舞。」「其詞南北交參，才情並赴。千秋之下，某氏一戎馬間婦人，時勃勃有生氣。」《遠山堂曲品》評曰：「董元卿遭胡金之亂，得遇隱娘，既能全元卿於宋，復能全己於元卿。隱娘之俠，高出阿兄上矣。區區衲中之金，何足窺此女一斑哉！曲亦爽亮，但鋪敘關目，猶欠宛轉。後得清遠一序，殊為增色。」將其列為「能品」，並說：「鄭君詞曲，乃文人之雄。」《曲品》也評論說：「鄭進士月露才華，風流雅俗。」「董元卿遇俠事佳，曲多豪爽。」

《白練裙》為嘲諷當時金陵名妓馬湘蘭與王稚犀而作。甫經問世，「一時為之紙貴」。該劇為鄭之文作為下第舉人在南京國子監讀書時所作。對於這一曾在南京引起轟動的故事，《列朝詩集小傳》記載：

之文字應尼，南城人。公車下第，薄游長干。曲中馬湘蘭負盛名，與王百谷（按：稚犀）諸公為文字飲，頗不禮應尼。應尼與吳非熊輩，作《白練裙》雜劇，極為譏調，聚子弟演唱，召湘蘭觀之。湘蘭為之微笑。定襄傅司業清嚴訓士，一旦召應尼跪東廂下，出�⾐袖一編，擲地數之曰：「舉子故當為輕峽蝶耶？」收以夏楚，久之乃遣去。[33]

33　錢謙益：《列朝詩集小傳》，丁集上《鄭太守之文》。

談遷《北游錄》亦記事之始末：

> 南城鄭之文應尼，公車下第，薄游金陵。時北裡馬湘蘭負盛名，與王百谷諸公為文字飲，易視應尼。應尼與吳非熊作白練裙雜劇，極為譏調。聚子弟演唱，召湘蘭觀之，湘蘭為之微笑。[34]

明末錢謙益有詩云：「子弟猶歌白練裙，行人尚醇湘蘭墓」。清初王士禎《秦淮雜詩》也說：「石橋巷口諸少年，能唱當年白練裙。」《曲品》謂《白練裙》：「風流調笑，真戲筆也，不必以傳奇體繩之。」

第二節 ▶ 楊士奇與明代江西的文學、史學

一 楊士奇與明前期的「台閣文學」

明前期約六十年的時間裡，文壇格局既承元末余緒，又受明初政治、思想、文化諸因素的影響而發生了深刻變化。其顯著特征是聲勢浩大的吳中、越中文人群相繼走向衰落，江西文人成了文壇的主要力量。典雅淳朴的江西文風成了文壇的主導風格，並對雄踞明代文壇近百年的台閣體文風產生了直接的影響。

明初文壇主要分為特色鮮明的吳派、越派、閩派、粵派及江

34　談遷‧《北游錄》，紀聞上。

右（江西）派等五派。明人胡應麟《詩藪》追記當時各派的地域分布及代表作家：

> 國初吳詩派仿高季迪，越詩派仿劉伯溫，閩詩派仿林子羽，嶺南詩派仿於孫蕡仲衍，江右詩派仿於劉崧子高，五家才力，咸足雄據一方，先驅當代。[35]

此五派構成了明初文壇的主流，尤以吳派、越派聲勢影響更大，乃是明初文壇的代表，但對此後明代文壇發生重要影響的則是以吳伯宗、劉崧、陳謨等為代表的江西派。

吳伯宗（1334-1384 年），名祐，以字行，撫州金溪人，為明朝開科後首位狀元。[36]吳伯宗博學多才，文思敏捷，詞旨雅潔，其《長江潦水詩十二韻應制》等頗得李（白）詩遺風，景象萬千、氣勢蓬勃。《四庫全書總目》評其詩文：「皆雍容典雅，有開國之規模。明一代台閣之體，胚胎於此」。

劉崧（1321-1381 年），舊名楚，字子高，號槎翁，吉安泰和人。對於他的作品，歷代評價都很高。劉永之序其詩曰：「其年愈老，思愈壯，詩愈工。」因歷經離亂，故詩文深沉中見憂憤，但其風格的主要方面還是和諧典雅。《四庫全書總目》稱其「大抵以清和婉約之音，提導後進。迨楊士奇等嗣起，復變為台

35　胡應麟‧《詩數‧續編》，卷一。
36　關於吳伯宗生平事蹟及主要成就，詳見本章第三節。

第七章‧明代江西的文學藝術與科學技術

閣博大之體。」

陳謨（1305-1400 年），字一德，又字心吾，吉安泰和人。元時一試科舉不利，即棄去。洪武初征詣京師，宋濂、王冕等請為國學師。引疾辭歸，家居教授，屢應聘為考試官，一時經生學士靡然從之，稱「海桑先生」。所著詩文為《海桑集》十卷，為其甥楊士奇所編。《明史‧儒林傳》記：「謨幼能詩文，邃於經學，旁及子史百家，究心經世之務。嘗謂：『學必敦本，莫加於性，莫重於倫，莫先於變化氣質。若禮樂、刑政、錢谷、甲兵、度數之詳亦不可不講習。』」《四庫全書總目提要》評曰：「文體簡潔，詩格春容，則東里（楊士奇）淵源實出於是。其在明初，固颯颯乎雅音也。」

從上述對吳、劉、陳三人的評價可見，溫柔敦厚、平和典雅乃中國詩文之「正聲」，歷來為中國正統文論所倡導。中國文人的這種和諧、柔美即中和之美的審美情趣與儒家主張的中庸思想是並行不悖的。江西文人不僅因其自甘淡泊、淳孝仁厚的行為方式和性格特徵得以成為明初文壇的主力，而且因其平和雅正的詩風成為明初文學思潮的主導。這種文風在永樂至成化近百年間，衍變為詞氣安閑、雍容典雅的台閣體詩風。

與吳、劉、陳共同構築這一文風的還有同時代的一批江西文人，此舉其著者。

梁寅（1303-1390 年），字孟敬，號石門，臨江新喻人。梁寅博學多才，尤精於五經，被學者稱為「梁五經」，又稱「石門先生」。元末任集慶路儒學訓導，明初被征與修禮樂。事畢，以老疾辭，結廬石門山中，講經於石門書院，四方學子多從之游，

與鄧雅、劉永之、胡行簡等友善。所著有《周易參義》、《詩演義》及詩文集《石門集》。[37]

梁蘭（？-1410 年），字庭秀，一字不移，吉安泰和人。元末兵亂，養母至孝，不以家貧為意，苦學不輟，明初屢辭征辟，永樂中卒，有《畦樂集》。

胡行簡，字居敬，臨江新喻人，元至正間任江西廉訪司經歷。元亡歸家隱居，以傳授生徒經義為業。洪武二年與劉於、劉永之、梁寅同被征至京，與修《大明集禮》。事畢，以老病辭官，賜帛遣歸。所著詩文有《樗隱集》。

劉永之，字仲修，晚年自號山陰道士，臨江清江人。元至正間，曾任建寧左衛鎮撫，與劉崧、萬石、楊伯謙、彭聲之、辛敬、周禎、王佑、王沂等稱為「江西十才子」，交游唱和，長達半個多世紀，聲名遠播，當世翕然從之。明初被征召至京與修禮樂，事畢，以重聽辭歸。所著有《山陰集》。其弟子章喆、何光編有《劉仲修先生詩文集》。

王沂（1317-1383 年），字子與，號竹亭，吉安泰和人，與弟王佑（字子啟）同為「江西十才子」。王沂精於程朱性理之學，洪武三年被征至京，上書論事稱旨，授福建鹽運副使，以老疾辭歸。所著有文集若干卷，其文「根柢於諸經，涵濡乎百氏，體制嚴而幅尺宏，音節諧而理趣遠，有益乎倫理之重，不爽乎物

則之則」[38]，詩若干卷，同郡楊伯謙為之作序。

劉於（1317-1372 年），字允恭，又字永泰，吉安永豐人。曾受學於虞集，深受器重，中至正七年鄉試，授泰和學正，元末辭官歸隱。洪武元年征召遺逸，以病辭謝。洪武四年，再征至京師，講書稱旨，聘為福建、廣東考官。朱元璋欲授以官，堅辭不受，太祖憐其老，命太常賜酒放還，隱居以終。

如果說吳伯宗等人共同開啟了「台閣體」的先聲，楊士奇等人則以他的政治地位和博大文風，開創了延續近一個世紀的台閣體詩文流派。

台閣體以「三楊」（楊士奇、楊榮、楊溥）作品為代表，而同時期官員們的創作都可以歸屬這一流派，其形式以詩歌為主，也兼及散文。台閣體大體與這樣的幾種因素相關聯：一是密切結合官方意識形態即程朱理學，故表現的思想情感「雅正平和」，有濃厚的道學氣；二是反映上層官僚的生活內容，故應制、唱和之作數量非常之多；三是與當時政治平靜、人事結構穩定的狀況相對應，表現出陶然悠然的滿足心態，故錢謙益《列朝詩集小傳》稱楊士奇有「太平宰相風度」。後世論者對台閣體抨擊否定居多，雖其中不乏公論，卻有失偏頗，更未能深入認識江西士人的地域文化傳統與明代政治、文學的關系。

明太祖朱元璋既為配合思想文化領域禮法統治的需要，也受當時風氣的影響，酷愛文學戲曲。其製作詩文，倡導和平簡朴文

---

38 宋濂·《宋文憲公全集》，卷七《王君子與文集序》。

風，認為文章只要能夠說明道理就行，不需用浮辭藻飾：「凡著筆之際，勿使高而下，低而昂，當尊者尊，當卑者卑，欽天畏地，謹人神，必思至精之言以為文。」[39]他批評群臣所進箋文：「頌美之辭過多，規戒之言未見，殊非古者君臣相告以誠之道。」要求「今後箋文只文意平實，勿以虛辭為美也。」[40]不僅如此，洪武二年、六年、二十九年曾多次下詔禁止「奇巧浮豔」、「深險怪僻」、「卑弱哀怨」的文體。正如梁寅所說：「今天子統一宇內，教化之行，無遠弗屆，文章歸正，肇自上意，朝廷製作悉循古。雖山岩之士，皆承風而知所趨。」[41]可見明太祖本人對明初文風的直接影響。明初以劉崧、陳謨、梁蘭等為代表的江西文人雍容雅正的風格既與開國氣象一致，又與簡朴純正的文風協調，因而成為明初文壇的主流。不僅如此，其後江西台閣體作家與明初江西文人有著緊密的親緣師承關係，後者的道德文章深刻影響了台閣文人文風。

雖然人們都認為台閣體的代表作家以「三楊」為領袖，但主要成員大多為江西人。最早指出這事實的正是三楊之一的楊榮，其《杏園雅集圖後序》記載了正統二年的一次聚會：

　　正統二年丁巳春三月朔，適休暇之晨，館閣諸公過予，因延

39　《明太祖文集》卷一三《文·辯韓愈訟風伯文》。
40　《明太祖實錄》卷二二，吳元年正月辛丑。
41　梁寅：《金荷士守正文集序》，《雪崖先生詩集》卷首附。

・杏園雅集圖，絹本設色，縱三十七釐米，橫四〇一釐米，鎮江市博物館藏。
《杏園雅集圖》真實地描繪了「三楊」等十人在楊榮的杏園內聚會的情景，畫
家本人也在其中。畫面人物衣冠整齊，各依品第，構圖賓主分明，聚散合
宜，背景松柏掩映，新篁交錯，杏枝吐蕊，玉石處處。此畫以其寫實的形
象、貼切的表情、工細的筆法、鮮豔的色彩，創造了明代雅集圖的新樣式，
力明代早期人物畫的代表作。

於所居之杏園。永嘉……謝君精繪事，遂用著色寫同會諸公及當
時景物：倚石屏而坐者三人，其左少傅廬陵楊公，其右為榮，左
之次少詹事泰和王公；傍杏花而坐者三人，其中大宗伯南郡楊
公，左少詹事臨川王公，右侍讀學士文江錢公；徐行後至者四
人，前左庶子吉水周公，次侍讀學士安成李公，又次侍講學泰和
陳公，最後至者謝君，其官錦衣衛千戶。而十人者皆衣冠偉然，

華發交映。[42]

　　畫家謝環（字廷循）之外，「館閣諸公」共九人，除楊榮（福建建陽）、楊溥（湖廣石首）非江西人，其餘七人楊士奇（吉安泰和）、錢習禮（吉安吉水）、王英（撫州金溪）、王直（吉安泰和）、李時勉（吉安安福）、周敘（吉安吉水）、陳循（吉安泰和）皆為江西人。

　　又錢謙益《列朝詩集小傳・乙集・楊榮》條記：

　　館閣三楊而外，則有胡廣陵、金新淦、黃永嘉，尚書則東、西王，祭酒則南陳、北李，勳舊則東萊、湘陰，詞林卿貳則有周石溪、吳古崖、陳廷器、錢遺庵之屬，末可悉數。

　　王世貞《藝苑卮言》卷五亦載：

　　楊尚法源出歐陽氏，以簡淡和易為主，而無充拓之功，至今貴之曰台閣體，同時名臣胡光大（廣）、楊勉仁（榮）、金幼孜、黃宗豫（淮）、曾子啟（棨）、王行儉（直）諸公，皆廬陵之羽翼也。

　　由此我們大致可以推斷出台閣體作者除三楊外，主要有胡

廣、金幼孜、梁續、黃淮、王英、王直、李時勉、周敘、陳循、陳璉、曾棨、錢習禮、夏原吉等。除黃淮為浙江永嘉人，陳璉為廣東東莞人，夏原吉為湖廣湘陰人（祖籍江西德興）外，其餘都為江西人，而尤以吉安人為主。

錢謙益《列朝詩集小傳·甲集·劉崧》條：「國初詩派，西江則劉泰和，閩中則張古田。泰和以雅正標宗，古田以雄麗樹幟。江西之派，中降而歸東里。」明確指出了江西派與台閣體的傳承關係。楊士奇是台閣體的盟主，其文學步歐陽修，以論道述理為主，而以遊記、傳記為優。其詩古體學漢魏，近體學盛唐，而以古體為佳。其文學創作為台閣體的創作提供了範本，對台閣體文風的形成產生了很大的影響。

楊士奇為陳謨的外甥，又與梁蘭為世婚姻家，故從陳謨學文，又從梁蘭學詩，盡得二人詩文之法。梁蘭、陳謨以歐陽修、曾鞏等鄉邦前賢為師，楊士奇對歐陽修也頂禮膜拜。對歐陽修人品、文品的學習推崇，這正是江西文人的共同的特徵。楊士奇與王沂為世交，又「少嘗侍教先生兄弟」[43]。劉永之、梁寅、胡行簡等的道德文章也深受楊士奇、金幼孜等台閣文人的喜愛。楊士奇曾多次為他們詩文集作題跋，推崇其文章學行，如《東里文集》卷一〇有《題劉山陰集》、《題劉仲修書虞揭詩後》，卷一八有《題山陰集》諸篇。劉永之為練子寧姐夫，練子寧又與楊士奇幼同裡習學、壯同朝為官。其他如梁續，字用之，為梁蘭子，受

43　楊士奇：《東里文集》，卷五《西昌梁氏續譜序》。

經於王沂及舅氏陳仲述，「父子兄弟討論切磋無虛日」，歷翰林修撰，右春坊贊善，與楊士奇「少學同業，壯而仕於朝同官」，「所著詩文皆可傳」[44]。

金幼孜初名善，以字行，新淦人，終禮部尚書兼武英殿大學士，有《北征集》，「其學賅博，文章和平寬厚，類其德性」[45]。《四庫全書總目》評金幼孜：「其文章邊幅稍狹，不及士奇諸人博大，而雍容雅步，頗亦肩隨。」

胡廣陵即胡廣，字光大，廬陵人，累官文淵閣大學士，有《冕庵扈從集》，其文集典雅平和，多為歌功頌德之詞。王英字時彥，金溪人，與劉崧同受知於太祖，累官南京禮部尚書，有《泉坡文集》，朱彝尊《靜志居詩話》卷六謂「西王密切謹嚴，句無浮響」。王直字時儉，江西泰和人，與楊士奇交游唱和，主張為詩「從容中度，不失其正」，有《抑庵詩集》，集中詩不出台閣風範。此外，周敘字功敘，吉水人，有《石溪集》行於世。李茂字時勉，江西安福人，受經於胡行簡，有《古雅文集》。

明中葉以後，台閣體文風依然彌漫一時，但日久弊生，詩文內容陳腐，終於在以李夢陽、何景明等前七子為代表的文學復古運動的沖擊下逐漸退出文壇。

44　楊士奇：《東里文集》，卷一七《梁用之墓碣銘》。
45　楊士奇：《東里文集》，卷一八《太子少保禮部尚書兼武英殿大學士贈榮祿大夫少保諡文靖金公墓誌銘》。

二 「時文四大家」與晚明江西文風

當弘治、正德時期「前七子」（李夢陽、何景明、王九思、康海、王廷相、徐禎卿、邊貢）雄起於北方文壇、「吳中四子」（唐寅、祝允明、文徵明、徐禎卿）唱和於江南市井之時，當嘉靖、萬曆年間「後七子」（李攀龍、王世貞、謝榛、宗臣、梁有譽、徐中行、吳國倫）飈發於前，「公安」（袁中道等）、「竟陵」（鐘惺、譚元春）應酬於後，江西讀書人的主要精力仍然耗費在「舉業」。而舉業的發展終於還是有了收獲，不僅出了一批舉人、進士，而且出了一批寫科舉文即「時文」的高手。湯顯祖作為時文大家在當時已經得到公認。至晚明，艾南英、陳際泰、章世純、羅萬藻更被譽為「時文四大家」。

將時文即科舉應試的範文作為文學作品看待，可能會引起諸多不解。但明代人確實作如是觀。李贄《焚書》將當代的科舉時文與六朝的駢文、唐代的詩歌和傳奇、金元的院本雜劇、明代白話小說並列，稱為「至文」：

詩何必古選？文何必先秦？降而為六朝，變而為近體，又變而為傳奇，變而為院本、為雜劇、為《西廂曲》、為《水滸傳》，為今之舉子業，皆古今至文，不可得而時勢先後論也。[46]

沈德符《萬曆野獲編》說：

46　李贄‧《焚書》卷三《童心說》。

今教坊雜劇，約有千本，然率多俚淺，其可閱者十之三耳。元人未滅南宋時，以此取士子優劣，每出一題，任人填曲，如宋宣和畫學，出唐詩一句，恣其渲染，選其得畫外趣者登高第，於是宋畫元曲，千古無匹。[47]

明代科舉時文，如同宋畫元曲，乃明人用以獲取榮華富貴的手段，所以也是千錘百煉，遂為「古今至文」。而將這些「古今至文」傳播於世，起初本為官方的示範行為，但在利益的驅動下，發展為傳抄、私刻、商刻。官刻的目的本來是「以風四方」，如萬曆十三年禮部《論科場事宜疏》所說：「夫士子中試，既藉其名以獻矣，並錄其文，以風四方，制也。」[48]所以，在會試結束之後，選出官方認可的文字進行版刻。而坊刻或商刻的目的則是贏利，所刻之文最初也與官刻無異，其後則請人捉筆，預測試題，成了科舉的備試文。當然，在商品經濟的影響下，官刻的性質此後也變成以贏利為主要目的了。

至嘉靖中後期，刊行時文已風靡各地，時文也成為具有重要影響的文學品種，一些戲劇作家，如宜興生員邵文明寫作《香囊記》，即以時文入曲中[49]，但並不成功。而至萬曆間湯顯祖以時文入「臨川四夢」，其技巧已至爐火純青，《牡丹亭》則更被許

47　沈德符：《萬曆野獲編》卷二五《詞曲·雜劇院本》。
48　王世貞：《弇山堂別集》，卷八三《科試考三》。
49　徐渭：《南詞敘錄》。

多士子作為時文教科書來研習。有影響的科舉時文匯編也出現了，始為《藝海元珠》、《閱藝隨錄》，選家為著名文人馮夢楨和王士。

不僅有選本，而且有評論，並出現了一批以評點科舉時文著名的大家，如沈一貫、李廷機等，書商便以他們的名義選編評點時文集，如《沈相國續選百家舉業奇珍》（署名沈一貫）、《翰林評選注釋程策會要》（署名李廷機）等。當然，若論數量之多、挑選之嚴，自然是清乾隆時所編的《欽定四書文》。該書共收明代永樂以後的作者一五一人、文章四八六篇。在這些作者中，可以確定籍貫的有一三二人，他們的作品為四五五篇，按作者及篇數排列，各省的次序是：南直（56人、220篇）、浙江（24人、63篇）、江西（21人、128篇）、湖廣（12人、20篇）、福建（9人、10篇）、北直（3人、6篇）、廣東（3人、3篇）、山西（2人、3篇）、陝西（2人、2篇）。浙江雖然入選人數超過江西，但篇數只有江西的一半。其中陳際泰一人入選五十九篇，在全部入選者中居首位，獨占江西的百分之四十六點〇九；再加上章世純（14篇）、羅萬藻（9篇）、艾南英（8篇），四位作者共九十篇，占江西的百分之七十點三一。

《明史・文苑傳》評價明中期以後文壇各家：「歸有光頗後出，以司馬、歐陽自命……而徐渭、湯顯祖、袁宏道、鐘惺之屬，亦各爭鳴一時……至啟、禎時，錢謙益、艾南英准北宋之矩矱，張溥、陳子龍擷東漢之芳華，又一變矣。」

與歸有光、徐渭及袁宏道等人不同的是，湯顯祖主要是以其戲曲，艾南英則主要以撰寫時文而名揚天下，而與艾南英共同掀

起的革新文風的時文寫作活動，則得到陳際泰、章世純、羅萬藻等人支持。他們互相激發，繼湯顯祖之後，在明末號稱「時文四大家」，或稱「江右四大家」[50]。艾、章、羅、陳等為挽文壇狂瀾，不遺餘力，他們提倡「以古文為時文」，以興起渾朴高潔的斯文為己任，反對創作脫離現實生活，主張寫真情，表現「時」與「境」。他們疾呼之餘且身體力行，其文章多能切中時弊，文風別具一格，故以「時文」名號一時。但有意思的是，艾、章、羅、陳本為掃除場屋文的腐爛而寫時文，刻印成書，以示典範，他們的時文卻和其他「場屋文」一樣，後來也成了士人奪取功名的讀本。《明史·文苑傳》說：「萬曆末，場屋文腐爛，南英深疾之，與同郡章世純、羅萬藻、陳際泰以興起斯文為任，乃刻四人所作行之世。世人翕然歸之，稱為章、羅、陳、艾。」[51]

艾、陳、章、羅同為時文高手，又各具特點，各有所好。

艾南英在八股理論和八股評選方面，堪稱專門家，其地位無人可以替代，自稱：「予以積學二十餘年，制藝自鶴灘（錢福）、守溪（王鏊），下至弘正、嘉隆大家，無所不究；書自六籍子史、濂洛關閩、百家雜說，陰陽兵律、山經地志、浮屠、老子之文章，無所不習。」[52]其讀書面甚廣，同時把時文寫作與古文寫作等同。吳偉業《復社紀事》記載，艾南英「僑居吳門，論定帖

50　計六奇：《明季北略》，卷一○《江右四大家》。
51　《明史》卷八八《文苑傳》。
52　艾南英·《前曆試卷自敘》，《明文海》卷三一二，中華書局一九八七年影印本。

括，挾異同，賈聲利」，其時文水平之高，以致陳子龍、張溥與其論爭時，「不復用制藝與千子爭短長，所取其折衷於介生」。不僅如此，艾南英文學理論上的建樹也是值得重視的，其反擬古、反浮豔、反險澀，重古樸、重雅潔的主張，實開清代桐城派之先河。所以，人們將其列於四家之首是有道理的。

陳際泰為高產作家，所傳時文為明人之冠，「日或抄數十藝，不少倦，積文萬餘」[53]。《明史‧文苑傳》記陳際泰返臨川後：「與南英輩以時文名天下。其為文敏甚，一日可二三十首，先後所作至萬首，經生舉業之富，無若際泰者。」羅萬藻則「為文堅潔、深秀，與艾南英主文柄者四十餘年，海內並稱」。[54]除艾、羅、陳、章這四大家外，江西還有不少八股名家高手。如金溪人吳堂，「以制藝負重名，陳際泰、艾南英皆推下之」。[55]此外，明代江西還有不少挑選八股選本的名家，他們是許多書坊店肆的台柱子，常被重金請到蘇、杭等地去挑選文章。明代開創選印「程墨」風氣的便是江西清江人敖英，後來的艾、陳、章、羅四家八股文《合稿》以及艾南英所選編的《明文定》、《明文待》等八股選本，一經刊行，立即被搶購一空，在明末清初的科場上產生了重大影響。

出賣時文乃是明代江西及浙江、南直隸等經濟發達、科舉興

53　計六奇‧《明季北略》，卷一〇《江右四大家》。
54　同治《撫州府志》卷五八《文苑》。
55　同治《撫州府志》卷五八《文苑》。

盛地區的傳統，而作為一種產業，江西則更為興盛。明代書坊，在蘇州、湖州者，多刻印唐詩、宋詞、元曲及明代戲文；在建陽者，多刻印通俗小說及百姓日用雜書；而在江西者，多刻科舉範文。這也是時尚所致。蘇、松、杭、嘉、湖，為當時全國經濟最發達、城市最集中而繁榮的地區，也是全國的消費中心，文人墨客多居於此，所以雅文學的作品有較大的銷路。建陽書坊面向大眾，特別是面向商人，所以這裡的書商聘請了一批通俗小說的創作者，一邊寫作、一邊印刷，形成一個巨大的通俗文學生產基地。江西則如陳循所說，因人多田少而以科舉為脫貧的出路，因而科舉應試範文具有廣大的市場，從而形成為一種產業。這一產業的中心地區在產生過湯顯祖、陳際泰等時文大家的撫州，主要刻印地則在撫州的金溪、東鄉。

與此同時，明代江西有不少以研究八股時文、謀求科舉功名為目的的特殊社團組織——文社。明代許多文人集團的創立與科舉和八股文有關系，不少文社帶有強烈的實用色彩，它們其實是研究時藝的文人集團，可稱為八股文寫作研習小組或研究會。如袁宏道組織的南社其實就是研究時藝的文社。復社的建社初衷也主要是揣摩八股，切磋學問，後來逐漸壯大並帶有強烈的政治色彩。江西的社事繼復社而起，與三吳、兩浙的社盟互為聲氣，並自具特色。豫章社於明後期由艾南英等人發起組成。《四庫全書總目提要》把豫章社列於當時江南文人社團之首：

　　明之末年，中原雲擾，而江以南文社乃極盛。其最著者，艾南英倡「豫章社」，衍歸有光等之說而暢其流；陳子龍倡「幾

社」，承王世貞等之說而滌其濫；（張）溥與張采倡「復社」，聲氣蔓衍，幾遍天下。然不甚爭學派，亦不甚爭文柄，故著作皆不甚多。

葉夢珠《閱世編》論及晚明文章，也首列撫州諸子：

朝廷以八股文章取士，士子進身，率由乎此，非特空言文字而已。世運不能無遷流，則文運不能無升降，理勢使然。前朝之文，嘉、隆以前，無得而議。自萬曆末而文運始衰。啟、禎之際，社稿盛行，主持文社者，江右則有艾東鄉南英、羅文正萬藻、金正希聲、陳大士際泰，婁東則有張西銘溥、張受先采、吳梅村偉業、黃陶庵淳耀，金沙則有周介生鐘、周簡臣銓，溧陽則有陳百史名夏，吾松則有陳臥子子龍、夏彝仲允彝、彭燕又賓、徐暗公孚遠、周勒卣立勳。皆望隆海內，名冠詞壇。**56**

明代江西社事起步較早、發展快、數量多、規模大、影響深，故可與三吳、兩浙互為聲氣。謝國楨先生曾嘆曰：「原來在應社成立之前，江西的社事，本來很發達了。」**57**據艾南英《天傭子集》、陳際泰《太乙山房集》兩書記載，明代江西文社有：

56　葉夢珠：《閱世編》，卷八《文章》。
57　謝國楨‧《明清之際黨社運動考》，中華書局一九八二年版，第105頁。

豫章大社：創辦者艾南英。「先是諸生中，有合豫章大社者，而嚴其人。每郡推一人為祭酒，有佚入者比於盜地以下敵之罰。既而公所選士，大都皆其推為祭酒之人，所脫者十才二三耳。」

豫章九子社：「楊伯祥為主」。

新城大社：「憶予庚子之役，既罷歸，因邀同人為社，二十年間，先後去，如丘毛伯、游太來、曾隆吉、祝文柔、管龍躍、傅旋履。而其最親厚者為艾千子、章大力、羅文止，獨二三人，與僕騎玉牛耳。」

禹門社：張天如、周介生與陳際泰合辦。「介臨（川）、金（溪）之間，……中輟者數年近乃復有。」

偶社：艾南英、王慎五、沈眉生等創辦。「盱中之士畢集羊城，其中尤妙之材，是為同人。」

合社：為張采知臨川時所立。

芳社：黎乾生所主辦。

平遠堂社：參加者有吳逢因、葉孟侯等人。

瀛社：「吳山煥璧，黃良冶虞鼎、喻立生中立，陳子蜚英、龔叔升俊選、聶惠甫僑六君子新舊課文若干耳。」

豫章社：艾南英於南昌創辦。

除上述所舉之外，明代江西文社還有不少散見文集、方志、譜牒等材料，它們或有名或無名，擇要抄錄於下：

白社：天啟元年（1621）宗室朱謀瑋創於南昌，參加者有涂

子明、鄒逸少、涂不凝等。[58]

紫雲社：崇禎三年（1630）前，由陳際泰創立，參加者有丘毛伯、章大力、羅文止。[59]

友教社：蔡懋德與南昌府推官李嗣京創立。[60]

聚奎社：創於新城，人數有百人。[61]

五箇社：涂仲倩創設於新城，「以通經學者為師」[62]。

持聲社：崇禎年間創立於廣信府，參加者有盧吉、葉震亨、王拭等人，其特點是「文章取其友，友取其砥行實」[63]。

匡山大社：高安人舒宏緒立，參加者有文用昭、徐巨源等人。[64]

赤水社：瑞金人楊以任創建。「與同邑朱敬之、謝士芳、子起、兄希之、侄汝基結赤水社……與陳、羅、章、艾並稱為江西五大家。」[65]

此外，則社、歷亭社、席社、昆陽社、雲簪社這五社則為復社組織中的江西文社。無傳名目的還有不少文社，如臨川人姜鴻緒「與帥機、湯顯祖結社里甲」[66]。高安人徐日曦「與同里劉丹

58 鄭仲夔：《雋區》卷二《玉塵新譚》。

59 陳孝逸：《痴山集》卷一《府君行述》。

60 查繼佐：《罪惟錄》卷九上《蔡懋德》。

61 黃瑞伯：《瑤光閣集》，卷八《聚奎社序》、《摩虹草序》。

62 黃瑞伯：《瑤光閣集》，卷八《摩虹草序》。

63 侯峒曾：《侯忠節公全集》卷一二《持聲社序》。

64 同治《瑞州府志》卷一四《文苑》。

65 同治《贛州府志》卷五五《人物》。

66 同治《撫州府志》卷五八《文苑》。

生、熊坊、劉九嶷等共社，咸推社中祭酒」[67]。

明代江西文社分布範圍廣，遍及於南昌、撫州、建昌、廣信、饒州、瑞州、贛州等府縣，而且參加的人數不少，定期活動。所有這些無疑會對明代江西科舉考試產生深遠的影響。

以艾南英為首的江西派和以陳子龍為首的雲間派、以張溥為首的復社之間論爭十分激烈，有時甚至大打出手。對於江右與雲間的矛盾，方苞說：「幾社之文多務怪奇，矜藻思，用此為西江所詆排。」[68]俞長城說：「幾社名士首推陳臥子，臥子天才迅發，好上下古今，切合時務而敷以藻豔。……東鄉（艾南英）主理學，臥子主議論；東鄉主秦漢，臥子主晉魏。互持不相下，至於攘臂。要其獨主所見，不肯雷同，誠藝林盛事也。」[69]作為張溥的學生，吳偉業《復社紀事》對此也有記載：「天下爭傳先生（張溥）之文，而艾千子獨出其所為書相訾警。千子之學，雅自命大家，熟於其鄉南豐、臨川兩公之文，未嘗無依據，顧為人褊狹矜愎，不能虛公以求是。」還有更詳細的描述：「某月日，艾千子來吳，謬約之面相參證。……語不合，陳臥子及周介生之幼弟我客共挾之，千子即夜去。」[70]和艾南英等江西文人因論辯而打架

67　同治《瑞州府志》卷一四《文苑》。

68　夏允彝：《「微子去之」一章》文總評，《欽定四書文·啟禎四書文》卷五。

69　梁章鉅：《制義叢話》，卷七引，上海書店出版社二〇〇一年版，第114頁。

70　吳偉業·《復社紀事》，卷二，《中國野史集成》本，巴蜀書社一九九九年版。

的，還不止陳子龍、周我客等人，復社名流、安徽蕪湖人沈昆銅和江西人劉進卿也動過手。據黃宗羲記載：「明年（1634 年），余過湖上，昆銅又在，江右劉進卿、秋浦吳次尾亦至。……一日，昆銅詆分宜於座，進卿爭之，至於揎拳惡口，余與君解去。」[71]江西派系與其他派系文社的論爭，突出反映了其立場和宗旨的不同，而這一次動手，直接導火線則是對嚴嵩的評價。

根據《明史》中《儒林傳》和《文苑傳》的兩種資料進行統計，可以對明代文人的地域分布、文化傳統及明代江西文學有更深入的了解。《明史・儒林傳》一共收入明代知名理學家一一六人，其中江西最多，達四十人；浙江其次，二十人；以下依次為：南直隸十七人，福建十人，陝西九人，河南六人，山東和廣東各五人，湖廣二人等。江西按府統計，則依次是：吉安十八人，南昌七人，撫州、廣信各四人，饒州、贛州、建昌各二人，臨江一人，分別占江西總數的百分之四十五、百分之十七點五、百分之十、百分之五、百分之二點五，九江、南康、瑞州、袁州和南安等五府則無人入傳。江西省的四十位理學家：吉安府十八人，所屬九縣，安福八人、泰和四人、吉水三人、府治所在地廬陵縣二人，永豐、永新、萬安和龍泉四縣無；南昌府七人，所屬八縣，府治所在地新建縣和南昌縣分別為五人和一人、豐城一人，寧州、武寧、靖安、奉新和進賢五縣無；撫州府四人，所屬六縣，崇仁、金溪各二人，府治所在地臨川縣及東鄉、宜黃、樂

---

71 黃宗羲・《南雷文定四集》，卷二《鄭玄子先生述》。

安三縣無；廣信府四人，所屬八縣，府治所在地上饒縣二人、貴溪和永豐（清代改「廣豐」）二縣各一人，玉山、興安、弋陽、貴溪、鉛山五縣無；饒州府二人，所屬七縣，府治所在地鄱陽縣以及餘干縣各一人；贛州府二人，均在雩都，其餘十一縣皆無；建昌府二人，在府治所在地南城；臨江府一人，在新喻縣。《明史・文苑傳》為明代二二三位文學家立了傳，這些文學家的地域分布是：南京及其所在的南直隸九十七人，浙江四十八人，福建二十二人，江西十四人。江西的十四位文人，有將近一半在撫州府（6人），特別是府治所在地臨川縣（4人）；省府南昌及贛州、廣信、吉安、建昌、九江、饒州、袁州等府各一人。

　　從以上數字可以看出，《文苑傳》中記載的文學家和《儒林傳》中記載的理學家一樣，也主要集中在南方特別是東南四省，但這四省的排序卻不一樣。江西是理學家最多的省，但文學家的數量則排在第四位；浙江的地位未變，文學家和理學家一樣，也排在第二位；理學家居第三位的南直隸，文學家的數量卻排在第一位；福建文學家的數量則超過江西而處第三位。同處東南地區的湖廣、廣東二省也緊隨其後，分居第五位和第六位。比較而言，江西是理學家的搖籃，江南地區即今南京、蘇州、上海一線和浙江，則是文學家的樂園。這與宋、元、明時期這些地區所形成的地域經濟優勢和文化傳統有著有密切的關係。江西和南直隸、浙江一樣，在明代都是經濟最發達、文化最先進的省份。以科舉而言，洪熙時定鄉試舉人名額，江西居十三布政司之首，每屆錄取舉人五十人，而與江西並稱人文薈萃的浙江為四十五人。景泰以後，江西為九十五人，浙江為九十人。以進士的總數看，

成化以前江西居全國首位，此後雖遜於南直隸和浙江，仍在全國位居第三。雖然如此，江西與南直、浙江在文化傳統和消費習俗等方面的差異卻是十分明顯的。理學家需要的是勞其筋骨、獨立思考，文學家需要的則是浪漫灑脫、相互唱和。環境的惡劣造就理學家和學問家，生活的優裕卻造就文學家和藝術家。如果說江西有特例，那就是撫州，特別是臨川，不僅產生了湯顯祖這樣的戲劇大師，而且形成了以艾南英、陳際泰、章世純、羅萬藻為代表的「時文」作家群。

清代以來絕大多數學者都把明代八股文發展分為四個階段，並套用唐詩之初盛中晚的分期以命名，這種命名已隱然包含著對不同時期八股文價值評價在內。如李光地說：「明代時文，洪、永、宣、景、天為初，成、弘為盛，正、嘉為中，慶、歷為晚，天啟以後不足錄已。」[72]特別對晚明的八股文持蔑視態度，不免有些偏頗。俞長城亦認為「文統在上則盛，文統在下則衰」[73]。晚明確出現「文統在下」的現象，不過，如果不是從正統的價值觀去評價的話，當時許多八股文確另有一種特殊的光芒，絕不是可以簡單用「衰」字來概論的。

---

72 李光地：《榕村語錄》，卷二九，中華書局一九九五年點校本，第 527
頁。

73 俞長城：《俞寧世文集》，卷四《先正程墨序》。

三　李昌祺的文言短篇小說與鄧志謨的白話神魔小說

李昌祺與明前期江西學者的文言短篇小說

中國文言小說成熟於唐傳奇，宋人傳奇可以說是唐傳奇的繼續，但較唐傳奇已大為遜色。直到明初瞿祐的《剪燈新話》問世，傳奇小說才出現轉機。《剪燈新話》一出，「為時流所喜，仿效者紛起」，李昌祺的《剪燈餘話》可算其中的代表。

李昌祺（1376-1452 年），名禎，以字行，吉安府廬陵縣人。永樂二年進士，選翰林院庶吉士，預修《永樂大典》，擢禮部郎中，遷廣西左布政使。永樂十

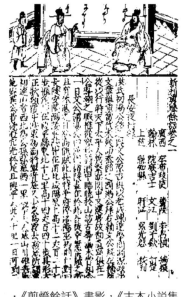

·《剪燈餘話》書影，《古本小說集成》本。

七年因過失被罰役房山，一年後赦免回京。仁宗洪熙元年重新起用為河南左布政使，正統四年告病致仕。家居二十餘年，「屏跡不入公府，故廬裁蔽風雨，伏臘不充」。昌祺為官清厲剛正，救災恤貧，官聲甚佳，且才華富贍，學識淵博，著作有詩文集《運甓漫稿》、《客膝軒草》、《僑庵詩餘》等。[74]

李昌祺酷愛瞿祐的《剪燈新話》，永樂十七年謫役房山期

間，他依照《剪燈新話》體例，借鑑其技巧，寫成了《剪燈餘話》四卷二十篇（另附《還魂記》一篇，今整理本均為五卷二十二篇，增入《還魂記》、《至正妓人行》兩篇）。其內容則不株守瞿祐故轍，而是自辟蹊徑，凡群儒談經、農民起義、官宦暴虐、狐鬼志怪，各具特色。該書於永樂十八年由翰林侍讀學士曾棨、翰林侍講王英、翰林修撰羅汝敬等為之作序，昌祺本人也寫了序言，敘述了《剪燈餘話》成書的原委：「矧余兩涉憂患，飽食之日少，且性不好博弈，非籍楮墨吟弄，則何以豁懷抱，宣郁悶乎？」又云：「若餘者，則負譴無聊，姑假此以自遣，初非平居有意為之，以取譏之大雅。」昌祺在永樂年間已寫成此書，但一直不敢刊行，直到十三年後的宣德時期才刊出。問世後，人們紛紛競求抄錄，索者踵至，轟動一時。其中一些作品被後人吸取改寫成其他文學作品，如《連理樹記》被《情史類略》收錄；《田洙與薛濤聯句記》被收入《豔異編》卷四〇鬼部五，還被採作《二刻拍案驚奇》卷一七《同窗友認假作真，女秀才移花接木》的「入話」；《芙蓉屏記》、《秋千會記》被明末凌蒙初改寫後收入他的擬話本小說集《初刻拍案驚奇》中；《賈雲華還魂記》被周清原改成話本，多篇故事被改成戲曲；而《胡媚娘傳》、《江廟泥神記》的人鬼戀愛、狐婦描寫實開《聊齋志異》之先河。

　　由於李昌祺曾兩度奉朝廷之命撫恤災民，「兩涉憂患，飽食之日少」，使他對黎民百姓的苦難和悲哀有較深的體會，故而在作品中無法回避現實的黑暗和人民的苦難。書中寫靈怪、幽冥各篇，借古人之口而議論古今政事，間接反映社會現狀。《長安夜行錄》通過明人馬期仁的奇遇，描寫了一個唐代賣餅者之妻當年

如何被唐寧王李憲所奪又放歸的經過，借此女子所蒙受的冤屈，揭露了上層統治者奪人妻女的罪行。文中特別借賣餅者妻之口，對一些舞文弄墨者的無恥行徑表示憤慨。這些文人用輕描淡寫的韻事來文飾寧王奪人之妻的罪行，以謊言掩蓋事實，開脫美化罪惡。明明是唐寧王以勢壓奪人妻，而《本事集》卻記載為：「當時夫婿輕一諾，金屋茆簷兩迢遞」。賣餅者妻抗議道：「厚誣如此，何以堪之！」「嗚呼！回思當時，事出迫奪，薰天之勢，妾夫尚敢喘息耶？今以輕一諾為妾夫罪，豈不冤哉！」《月夜彈琴記》中，宋代譚節婦趙氏因為不甘受辱於元兵，視死如歸，結果影留人世，魂上仙界。《瓊奴傳》寫瓊奴被吳指揮所悅，欲娶為妾，瓊奴不從，則遭受百般折磨，先是「壓以官府」，瓊奴被逼自縊未遂，然後被「逐去他居，欲折困之」。在驛站，瓊奴與未婚夫相遇成婚，吳指揮竟以逃軍罪名將其夫杖斃埋在炭窯內，揚言：「若又不從，定加毒手。」統治者的驕橫可見一斑。《秋夕琵琶亭記》論陳友諒殺功臣，親小人，武臣縱情酒色，文吏惟事空言，終於未成帝業。特別是《青城舞劍錄》議論元代當太平之日，以高枕肆志，縱情於聲色犬馬，終至亡國的教訓，明顯譏刺時政。又褒揚張良能功成身退，明哲保身，為傑中之傑，反喻洪武時被誅殺的諸功臣。

李昌祺富於才華，為人正直，為官有聲，剛嚴方直，但因為寫了這本《剪燈餘話》，引起了諸多的非議，正統七年（1442年），國子監祭酒、昌祺曾經的好友及同鄉李時勉奏請禁毀《剪

燈新話》之類，《剪燈餘話》自然也遭查禁。[75]昌祺死後，「議祭於社，鄉人以此短之」。葉盛《水東日記》記：

廬陵李禎……為人耿介廉潔，自始仕至歸老，始終一致，人頗以不得柄用惜之。嘗自贊其像曰：「貌雖醜而心嚴，身雖進而意止。忠孝稟乎父師，學問存乎操履。仁廟稱為好人，周藩許其得體。不勞朋友贊詞，自有帝王恩旨。」蓋亦有為之言也。景泰中，韓都御史雍以告之故老進列先賢祠中，禎獨以嘗作剪燈餘話不得與。[76]

都穆《都公談纂》為此告誡說：「景泰間，韓都憲雍巡撫江西，以廬陵鄉賢祀學宮，昌祺獨以作《餘話》不得入，著述可不慎歟！」但祝允明《野記》則替其鳴不平：

李布政昌祺，才學贍雅，少時曾作《剪燈餘話》，雖寓言小說之靡，其間多譏失節，有為作也。同時諸老，多面交而心惡之。李不屑意，其《彈琴記》有「江南舊事休重省，桃葉桃根盡可傷」之句，亦別有所指……蓋時獨以為文人，且病其怪亂乃爾。未知公也，縱未知也，公大節高明，安得以筆墨疵戲累之？

75　葉盛·《水東日記》卷一四《廬陵李布政使》。
76　葉盛：《水東日記》，卷一四《廬陵李布政使》。

其實，《剪燈餘話》並沒有什麼淫穢之處，但為何遭到不少官吏、鄉紳的反對乃至官方的禁毀？上述祝允明說「其間多譏失節」，實際上指出了個中原因。《續文獻通考》編者王圻（1530-1615年）也在其《稗史匯編》中云：「李布政昌祺，為人正直不阿，於才學亦瞻淡少雙，其作《剪燈餘話》雖寓言小說，然多譏失節，有為而作也。」如果這種說法不是臆測，則被《剪燈餘話》所譏者，應該是在建文永樂易代之際的迎降諸人，包括解縉、楊士奇、胡廣等同鄉「諸老」。

其他江西文人有一定影響的筆記小說，還有南昌胡儼的《胡氏雜說》，臨川伍福的《萃野纂聞》，安福劉元卿的《賢奕編》、《應諧錄》，泰和郭子章的《黔類》，朱孟震的《河上楮談》、《汾上續談》、《浣水續談》、《游宦餘談》等，或收入《四庫全書》與《續修四庫全書》，或存於《四庫全書總目》。

鄧志謨與明後期的「神魔小說」

魯迅在《中國小說史略》中將表現神魔「斗法」故事的作品稱為「神魔小說」，並指認和分析了幾部作品，如《三遂平妖傳》、《八仙出處東游記》、《南游記》、《北游記》、《封神演義》、《西游記》等，以及幾部仿續《西游記》的作品。後來，另外一些以神仙、妖魔為主人公、以神魔斗法為主要情節的小說也被列入此類，如《飛劍記》、《鐵樹記》、《咒棗記》、《韓湘子全傳》、《女仙外史》、《綠野仙蹤》等。作為明代通俗小說的重要類型，「神魔小說」的產生顯然受到當時佛、道二教特別是道教盛行的影響。

江西是佛道兩教發生和發展的重要地區，道教天師道（明代

稱正一教）的祖庭在江西貴溪龍虎山，佛教淨土宗的發祥地在江西廬山東林寺，禪宗南系兩大法系之一的青原系祖庭在江西吉安青原山淨居寺，曹洞宗和溈仰宗的發祥地則在江西宜豐洞山、宜黃曹山和宜春仰山。早在唐朝，就有「做官到長安，朝佛去江西」的說法，王士性在《廣志繹》中則說江西是「洞天福地」。關於張天師的傳說，關於梅福、許真君的故事，流傳廣泛，致使江西人在外省的聚集地也取名為「萬壽宮」。曾經輔佐過明太祖奪取天下的術士周顛（周顛仙）、張中（鐵冠道人）等都是江西人。因此，江西籍的作家喜歡寫神魔鬼怪小說也就很正常了，內容也多是關於上述的傳說，其代表作家則是鄧志謨。

鄧志謨，生卒年不詳，饒州府安仁人，字景南，號竹溪散人（亦號百拙生），不僅是明代白話小說家，同時也是戲曲作家。鄧志謨「嘗游閩，為建陽余氏塾師，故所著多為余氏刊行」[77]。余氏即為建陽著名書坊萃慶堂主人余泗泉。鄧志謨是萬曆、天啟年間的一位怪才，他集著者、編輯、出版者於一身，著述頗豐，推出了不少面貌獨特的作品。其著作體裁多誕怪，好作通俗小說，今存《許仙鐵樹記》、《呂仙飛劍記》、《薩真人咒棗記》三種。又嘗作許多「爭奇」，如《山水爭奇》、《風月爭奇》、《梅雪爭奇》、《花鳥爭奇》、《童婉爭奇》、《蔬果爭奇》等六篇。所著《五局》傳奇：一用骨牌名，名曰《八珠環記》；一用曲牌名，

77　孫楷第：《中國通俗小說書目》，人民文學出版社一九八二年版，第195頁。

名曰《玉連環記》；一用鳥名，名曰《亂頭鞋記》；一用藥名，
名曰《瑪瑙簪記》；一用花名，名曰《並頭花記》。此外，通俗
日用類書如《豐韻情書》乃一部時人的書信選集；《新刻一札三
奇》分仕進、婚姻、時節、酬謝、吊唁等數十類，詳述各種札啟
之寫法，實為一部應用文體大全；而《精選故事黃眉》、《重刻
增補故事白眉》、《古事鏡》則不啻於是三部寫作借鑑詞典。

　　鄧志謨有著深厚的道教背景，其所創作的神魔小說《許仙鐵
樹記》、《呂仙飛劍記》、《薩真人咒棗記》等，多寫道仙、禪師
的離奇故事。這些神魔小說的一個顯著特點是，人物形象中很大
部分並非作者獨立設計或虛構，而是來自於在社會中擁有巨大影
響力的「知名」道教仙真，許多還是當時重要道派的主要代表人
物和崇拜偶像。小說的主題為「神仙救世」和「修道成仙」，其
結構以天界神仙聚會及活動，向讀者展現天界的仙境及神仙體
系，但主要情節卻在人間塵世展開；神魔斗法一般都以塵世為背

·《許仙鐵樹記》封面及插圖。

·《呂仙飛劍記》插圖,《古本小說集成》本。

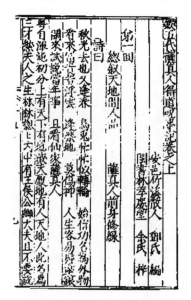

·《薩真人咒棗記》書影及插圖,《古本小說集成》本。

景，具有世俗政治及社會內涵，以主人公功成圓滿、榮歸天界及得授仙職為結局。這類小說的產生，同嘉靖以後道教、佛教相繼盛行頗有關係。

鄧志謨小說最具異趣者，當推六篇爭奇小說。這些小說採用擬人化的手法，敘雙方爭勝，相互辯駁之事，唇槍舌劍，你來我往，又間雜謔語，頗多諧趣，讀來令人捧腹。其故事發生、發展的基本模式為：雙方因爭地位高低而爆發舌戰，主將副將次第出陣，自我標榜，相互攻訐，難分伯仲，暫時休戰。但均感憤憤不平，於是各修奏本，請第三方公斷。第三方一般由東皇、玉帝、王母娘娘、上帝、造化神等擔任，接奏後，先出題考校雙方，然後下判語調解，論爭兩方遂重歸於好。這些無疑就是佛道論難、帝王仲裁的真實縮影。小說的語言通俗易懂，時時出現俚言鄙語。六篇爭奇小說以協韻寬泛的對句為主體，為追求「欣欣然解頤」、「陶陶然絕倒」的效果，其中雜有不少戲謔性的互嘲。除卻雙方的爭辯、互嘲外，整篇小說幾乎沒有任何其他情節。此等遊戲之作，特別是運用論辯形式，以對話構成小說主體的創作方式，即使在整個明清小說中，亦屬罕見。從曲藝史的角度來看，其淵源可以直接上溯到唐代的論議伎藝表演。

鄧志謨的小說之中多插有可供搬演的傳奇短劇，如《童婉爭奇》插有《幽王舉烽取笑》、《龍陽君泣魚固寵》傳奇兩本；《風月爭奇》末附《風月傳奇》一本；《花鳥爭奇》尾載「南腔」「北腔」傳奇兩本；《梅雪爭奇》書生以詩為判語公斷梅雪之爭後，又作傳奇一本，凡此，皆透露出濃重的表演色彩。事實上，六篇爭奇小說本身也非常適合演出，鄧志謨在每篇之後，還輯錄了數

量可觀的歷代有關詩詞曲賦，它們亦可視為是演員搬演時的參考材料。小說運用的典故、史實、稗記資料極其豐富，天文地理，花鳥蟲魚，無所不包，真正做到了「鋪陳誇飾、廣征博引」，這正是民間俗文學的特質之一。

四　陳誠、陳邦瞻與明代江西的史學

陳誠使西域與記西域

在明代的東西交通史及外交史上，鄭和七下西洋，至今為人們所津津樂道；而陳誠五次出使西域，則不被重視，甚至一直受到冷落。其實，蒙元至明初的絲綢古道上仍不減漢唐氣象。明初崛起於撒馬兒罕（今烏茲別克斯坦東南部）的帖木兒自稱是成吉思汗的繼承者，洪武年間雖向明朝稱臣納貢，但扣留明朝使者達十年之久。永樂三年帖木兒率兵二十萬，擬「東征」明朝，途中病死罷兵。其子沙哈魯繼位（駐哈烈，今阿富汗西北部之赫拉特），與明朝修好。陳誠以其突出的外交才能與豐富閱歷榮膺其選。陳誠等人的西使，不僅為明廷提供了大量的西域情報，還與中亞各國建立了和睦關系。其所著《西域行程記》與《西域番國志》對當時西域的情況，都有翔實的記載，為後人了解明代新疆及中亞地區的歷史地理與社會、宗教文化，留下了寶貴的文獻資料。

陳誠（1365-1457 年），字子魯，號竹山，吉水人，洪武二

十七年進士，授吏部行人司行人[78]。史稱其「北平求賢，山東蠲租，安南諭夷，皆能不辱使命」。永樂初，陳誠以吏部主事升任員外郎，屢次奉命，或隨中官李達、魯安，或與助手李暹等出使西域，功績卓著，升遷為廣東布政司右參政。朱棣之子朱高熾即位後，停止四夷差使，「不務遠略，踐祚之初，即撤西洋取寶之船，停止松花江造船之役，召還西域使臣還京」，明初東西交通的黃金時代從此結束。陳誠被解職，退休回鄉，優游林下三十餘年，以九十三歲高齡卒於家，有《竹山文集》傳世。其五次出使西域的經歷如下：

第一次在洪武二十九年三月至九月，為時半年，奉明太祖朱元璋之命，出使撒里畏兀兒（今甘肅、青海、新疆交界一帶），重建安定等衛，穩定了西部局勢。

第二次在永樂十一年九月至十三年十月，為時兩年多，護送帖木兒帝國的使臣返回哈烈、撒馬兒罕等地，並賞賜沿途西域諸部。

第三次在永樂十四年六月至永樂十六年四月，為時近兩年，出使地點與使命同前一次。

第四次在永樂十六年十月至十八年十一月，為時兩年多，出使地點與使命同前。

78　《明史》卷七四《職官三・行人司》：「職專捧節、奉使之事。凡頒行詔敕、冊封宗室、撫諭諸番、徵聘賢才以及頒賞、慰問、賑濟、軍旅、祭祀，咸敘差矣。」

第五次在永樂二十二年四月至十一月，為時七個月，行至甘肅，明成祖「駕崩」，仁宗即位，奉命返回。

這五次出使西域，除赴撒里畏兀兒重建安定衛、安撫蔥嶺以東天山南北舊疆諸地外，其主要使命是與帖木兒帝國的友好往來。美國學者莫里斯‧羅沙比在《明朝到亞洲腹地的兩位使者》一文中指出：「永樂年間有二十次使團來自撒馬兒罕和哈烈，三十二次使臣來自中亞其他城鎮，四十四次使臣來自哈密綠洲和西北部附近。有些其他的中亞商人和官員只到達中國西北境的居民點，未計在這個數字之內。即使如此，永樂在位的二十一年中，這些使團平均每一年多達四次以上，可見明與中亞各地的親密關係，這無疑是陳誠這些高度成功的和受到很好接待的出使促進的。」[79]絲綢古道上再現商旅相望於途、使節絡繹不絕的盛況，無疑加強了中外連繫，推進了東西文化交流。陳誠西使的貢獻和意義，正在於此。自洪武二十九年至永樂二十二年，陳誠在前後二十九年的外交活動中，往返西域諸國，翻雪山，走戈壁，沖流沙，鑽叢林，涉惡水，飽受嚴寒酷暑之苦，經常是：「杯泉杓水求不得，且向道旁少休息。」「馬帶征鞍臥軟沙，人擁氈裘坐終夕。」「路人窮荒三萬里。」「六月渡陰山，陰山雪數尺。」陳誠出使西域，「遍歷諸國，宣布明天子德音，未嘗鄙夷其人」，即以平等的姿態對待西域部落，故西域諸國君主臣民「皆向風慕

---

79 〔美〕莫里斯‧羅沙比：《明朝到亞洲腹地的兩位使者》，《中國史研究動態》一九八二年第二期。

義，尊事朝廷，奔走迎送，惟恐或後」，其使節「奉其奇寶珍貨，稽首闕庭，歲無虛日」。陳誠率領的使團一到，「才讀大明天子詔，一聲歡笑動春雷」。「皇威到處邊城靜，何用嫖姚百萬兵。」陳誠的外交活動，一諭安南，二撫外族，三使西域，為睦鄰友好，溝通文化，發展貿易，鞏固邊隘，作出了巨大的貢獻。

第二次出使歸來，陳誠向永樂帝呈上兩份報告。一名《西域行程記》，為西使的日程記錄，計五千字，按日記載萬裡行程兼及沿途風物、地貌、氣候、住地等。他由哈密抵吐魯番，徑直向西入天山到輦乃斯，渡伊犁河，繞過熱海（今伊塞克湖）南下到哈烈。一名《西域番國志》，計八千字，分地記載西域諸國十八處城鎮，依次為哈烈、撒馬兒罕、俺都淮、八剌黑、迭裡迷、沙鹿海牙、塞藍、達什干、卜花兒、渴石、養夷、別失八裡、土爾番、崖兒城、鹽澤城、火州、魯陳城、哈密。按其地理方位，大體是由西向東，與《行程記》成逆向排列，即行程道裡取西行歷程，山川風物則以東歸次序記錄。這是明代親歷西域的唯一文獻，載入《明實錄》，明修《明一統志》、清修《明史·西域傳》亦多所采用；對東西交通史和中亞文化史的研究，至今仍有重要的參考價值。《明史》不為陳誠立傳，致使其赫赫功業久湮不聞。但正如史學家謝國楨先生所說：「蓋自永樂以來，西域朝貢諸國，雖未必全由陳誠、李達所撫而來，然綏服向化之風，則由陳誠而起。……世徒知鄭和之乘槎南洋，而不知陳誠之奉使西

域，其功不減於（鄭）和。」[80]陳誠出使西域的偉大功績和歷史意義以及在世界歷史上產生的深遠影響，遠可匹張騫出使西域，近堪比鄭和乘槎南洋。

值得一提的是，陳誠為抒發「書生不憚驅馳苦，願效微勞答聖朝」的心志所寫的西行詩文[81]，對西域風光多有描述，也有極高的史料價值。如《哈密城》：「荒村漠漠連天闊，眾木欣欣向日榮。」又如《火焰山》：「一片青煙一片紅，炎炎氣焰欲燒空。春光未半渾如夏，誰道西方有祝融。」《魯陳城》（古柳中城，在今鄯善縣魯克沁鎮）：「花凝紅杏胭脂淺，酒壓葡萄琥珀濃。古塞老山晴見雪，孤村僧舍暮聞鐘。」《火州城》（高昌故城）：「高昌舊治月氏西，城郭蕭條市肆稀。遺跡尚存唐制度，居民爭睹漢官儀。梵宮零落留金像，神道荒涼臥石碑。征馬不知風土異，隔花猶自向人嘶。」《崖兒城》（交河故城）：「沙河二水自交流，天設危城水上頭。斷壁懸崖多險要，荒台廢址幾春秋。」這些詩都採用了寫實手法，讀之如見沙漠綠洲，如臨戈壁赤土，可與《西域番國志》相互印證。如《西域番國志》記火州：「城近北山，地勢卑下，山色青紅若火，天氣多熱，故名火州。城方十餘里，風物蕭條。昔日人煙惟多，僧堂佛寺過半，今皆零落。」又記崖兒城：「二水交流，斷崖居中，因崖為城，故曰崖兒。廣

---

80 謝國楨·《西域番國志·跋》，《國立北平圖書館善本叢書》第一集，一九三七年商務印書館影印。

81 本義所引陳誠詩文，皆引自陳誠著、周連寬校注：《西域行程記西域番國志》，中華書局一九九一年版。

不二里，居民百家。舊多寺宇，有石刻存。」據此可知，陳誠西行時，高昌、交河二城雖未廢棄，但已蕭條，與我們今天見到的高昌故城、交河故城，又不可同日而語。這也是陳誠西行詩文彌足珍貴的原因。

陳邦瞻與明代江西史家

與陳誠以當事人記當時事成就一段歷史不同，陳邦瞻則是從事前代歷史的編撰，主要著作為《宋史紀事本末》和《元史紀事本末》。紀事本末體史書是我國古代與編年體、紀傳體鼎足而三的一種史書，創立於南宋袁樞的《通鑑紀事本末》。這種史書，以歷史事件為中心，鋪陳事件的原委。即以歷史事件命題，選鈔史文，匯集成篇。雖然作者未必有新的史料，但既克服了編年體史書一事隔越數卷、首尾難稽的缺陷，也避免了紀傳體史書紀與傳相分離的不足。

陳邦瞻（1557-1623 年），字德遠，高安人，萬曆二十六年進士，授南京大理寺評事，歷南京吏部郎中、浙江布政司參政、福建按察使，遷右布政使，改補河南，天啟三年卒於兵部左侍郎任上。邦瞻在河南任職期間，曾開水田千頃，並建滏陽書院，「集諸生講習，士民祠祀之」。任兵部右侍郎、總督兩廣軍務兼巡撫廣東時，葡萄牙殖民者占澳門，不斷擴大居住區，「築室建寺」，且「時侵內地」，邦瞻命「燔其巢」，滅其氣焰。《明史》本傳稱邦瞻：「好學，敦風節，服官三十年，吏議不及。」[82] 邦

82　《明史》卷二四二《陳邦瞻傳》。

瞻學識淵博，尤精史學。無論先秦兩漢、諸子百家，稗官野史、小說，他都旁搜博覽。在從政之餘，也積極從事史學編撰。除宋、元二史《紀事本末》，另有《蓮華山房集》等。

《宋史紀事本末》一〇九卷，約六十萬字，自《太祖代周》至《文謝之死》，記述了宋代（960-1279）三千餘年歷史。在陳邦瞻之前，有山東臨朐人馮琦曾起草編寫此書；此外還有南京的監察御史沈越，也用同樣的體裁編錄宋代的史事，取名《事紀》，這兩部書都未完稿。後來由馮琦的弟子監察御史劉曰梧、應天府丞徐申創議，請陳邦瞻將馮、沈二書加以增訂，合為一編。陳邦瞻於萬曆二十二年著手編撰，歷時大約一年，全書完成。《四庫全書總目提要》說這部書「大抵本於琦者十之三，出於邦瞻者十之七」，漏略了沈越的《事紀》。宋代史書浩博，元朝修的《宋史》有近五百卷之多，分量大、內容雜。其他幾部有關兩宋歷史的書，如王偁的《東都事略》、李燾的《續資治通鑑長編》、徐夢莘的《三朝北盟會編》、李心傳的《建炎以來系年要錄》等，雖也卷帙浩富，記述的卻非宋代全史。《宋史紀事本末》以較少的篇幅，按歷史事件把大量的史料加以剪裁、整理和集中，確實表現出紀事本末體的那種前後始末一目了然的特色。書中涉及的問題也較為廣泛，除政治事件外，如治河、茶鹽、學術思想等都有專題敘述，還記載了金和蒙古早期的歷史情況。有關農民起義及統治者議論朝政的章節，也在一定程度上提供了研究和了解宋代社會階級矛盾的線索。

《宋史紀事本末》撰成後，由劉曰梧、徐申校訂刊行，分二十八卷，刻於萬曆三十三年。這個本子，可以稱之為原刻本。在

這以後，又由徐申動議，請陳邦瞻續編元代部分，約用一年左右的時間完成《元史紀事本末》初稿，二十七卷，約十萬字。最初版本為明萬曆三十四年刻本，其後有江西書局本、上海書業公所本等上十種。此書在內容上側重於記述關係到元王朝興衰成敗的重大事件和制度，如對元代推步之法，科舉學校之制以及漕運、河渠諸大政記載甚詳。並且，對於與明代有關聯的問題，如科舉考試、文武官品、大運河等，皆能簡明扼要地介紹。

不過，由於編撰時間短，所以無論是《宋史紀事本末》還是《元史紀事本末》，都存在著史實考證不夠精當的問題。

陳邦瞻之外，明代還有大批江西文人主持和參與了官修史書的編纂，出現了一個規模較大的史學家群體。《永樂大典》的編纂，揭開了明清兩代巨型類書纂修工程的序幕。此書由解縉首倡並主持，其體例、指導思想及具體要求，皆由他謀劃、擬定。永樂元年，解縉率一百多人，博采眾書，分門別類，依韻纂輯了一部大類書，於次年冬呈上。成祖賜名《文獻大成》，但認為內容不夠詳備宏廣，下令重修。解縉遂與儒臣文士兩千多人，「詞臣纂修者，及太學儒生數千人，繙秘庫書數百萬卷，浩無端倪」，費時五年，於永樂六年冬成其事，成祖賜名《永樂大典》。全書二二九三七卷（含目錄 60 卷），裝成一一〇九五冊，保存了上自先秦，下迄明初的各種典籍資料八千餘種，內容博奧浩繁，巨細並蓄，經、史、子、集、釋、道、戲曲、平話、醫卜、工技、農藝等各類著作無所不錄，總計約三點七億多字。《永樂大典》是當時世界上最大的一部百科全書，對於保存中國古代文獻資料作出了重大貢獻。但其此後的流傳和保存情況令人心酸，至今僅

·《永樂大典》書影，中國國家圖書館藏。

存約四百冊，八百餘卷，尚不到原書的百分之四。

除解縉任總裁外，曾棨（字子棨，吉安府永豐人）為《永樂大典》的副總裁，有「永樂大手筆」之美稱。胡儼（字若思，南昌人）亦任總裁官。梁潛（字用之，泰和人）、張叔豫（字順動，永新人）、余學夔（字一夔，泰和人）、李禎（昌祺）、董琰（字子莊，樂安人）等均曾效力於該書的編纂。

其他明代官修史書亦凝聚了大量江西文人的勞動與心血。洪武年間，官修《元史》二一〇卷，曾魯（字德之，新淦人）、趙壎（字伯友，新喻人）為纂修官。明朝歷代實錄的編撰均由大學士領銜，翰林院、春坊官參與，而這些職位在明前期大量地由江西籍官員充任，所以，從永樂時修《太祖實錄》，到宣德時修《太宗實錄》、《仁宗實錄》，正統時修《宣宗實錄》，以及成化時修《英宗實錄》，都有大量的江西籍官員參與。如《太祖實錄》的總裁官三人，其中兩位為江西籍官員：文淵閣大學士胡廣（吉

水）、國子監祭酒胡儼（南昌），另一位是福建建安楊榮；十位纂修官有八位屬江西籍：翰林院學士金幼孜（新淦）、楊士奇（泰和），翰林院侍讀學士曾棨（永豐），侍讀梁潛（泰和），侍講鄒緝（吉水）、王英（金溪），修撰羅汝敬（泰和），刑部主事李時勉（安福），另兩位為余鼎和陳敬宗。再如《太宗實錄》的總裁官六人，領銜者為兵部尚書兼華蓋殿大學士泰和楊士奇；纂修官的前八位也全是江西籍官員：曾棨、王英、王直（泰和）、周述（吉水）、李時勉、錢習禮（吉水）、余學夔（泰和）、陳循（泰和）。再如《英宗實錄》的兩位總裁官，禮部尚書兼翰林院學士陳文、兵部尚書兼翰林院學士彭時分別為江西廬陵和安福人，兩位副總裁太常寺少卿兼翰林院侍讀學士劉定之、吳節則分別為江西永新和泰和人。

五　羅洪先、郭子章與明代江西的地理學
羅洪先與《廣輿圖》

　　中國古代輿地之學真正成為一門學問，肇始於西晉裴秀。裴秀首創了所謂「制圖六體」，即：分率（比例）、准望（方位）、道裡（距離）、高下（地形）、方邪（角度）、迂直（曲直）；並據《禹貢》所記，繪制《禹貢地域圖》，又繪西晉輿地圖《地形方丈圖》。裴秀所繪兩圖雖佚，但「製圖六體」卻流傳下來，成為中國古代輿地學發展史上極為重要的裡程碑。唐代賈耽（《舊唐書》作「賈耽」）是裴秀之後又一位作出重要貢獻的輿地家。其貢獻在於採取了以一寸折成百里的比例方法，也就是人們常說的「計里畫方」法。這種方法較之裴秀的分率法，又更為精密。

至明代，羅洪先採用裴、賈遺法，在元代朱思本《輿地圖》的基礎上，增補繪製了《廣輿圖》，使地圖更為科學實用，代表了明代地理制圖的最高成就。

羅洪先為王守仁的私淑弟子，也是王門江右學派的主要代表人物之一，同時又是一位出色的地理學家、輿圖學家。一生博學多聞，且注重務實。朱思本是臨川縣人，早年學道於龍虎山，元仁宗時奉詔代祀名山大川，根據實地考察各地交通道路的起始和終點、裡程長度、道路寬窄、沿途橋梁、驛站、兵站等並參校前人著作，先繪各地分圖，繼為總圖，圖廣七尺、幅面四十九平方尺，是為《輿地圖》。《輿地圖》原圖已佚，但成為羅洪先《廣輿圖》一書的祖本和藍圖。

羅洪先中第後在翰林院為史官，有機會「考圖觀史」，發現當時地圖多疏密失准、遠近錯誤，於是決定親自外出調查收集資料，重新編製成內容豐富、位置准確的地圖。他注意實地考察，「甘淡泊，煉寒暑」，勘測山山水水，遍訪海內名勝，每聞人談名勝，輒生羨心，即數千里外亦不憚跋涉。羅洪先根據其游歷全國各地所獲的豐富地理知識，針對「朱圖長廣七尺，不便卷舒」的情形增補《輿地圖》，終於嘉靖二十年前後繪成《廣輿圖》兩卷。

羅洪先在「自序」中說到繪製《廣輿圖》的初衷與過程：

往來京師，在友人聞天下緩急大勢，始知考次古今名人經略之跡，獨恨山川險夷，郡邑聯絡，有不得盡聞者，則既無以即其形實，以究當時趨避取舍之所在，況得較論其失得哉！嘗遍觀天

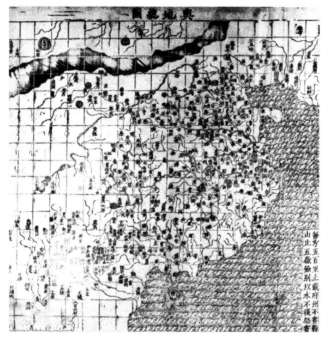

· 《廣輿圖》首幅地圖——《輿地總圖》。
· 明嘉靖三十四年初刊本，地圖版框力縱三十四點五釐米，橫三
　十五點五釐米。中國國家圖書館藏。

下圖籍，雖報詳盡，其疏密失准，遠近錯誤，百篇如一，莫之能
易也。訪求三年，偶得元人朱思本圖，其圖有計里畫方之法，而
形實自是可據，從而分合，東西相侔，不至背舛。於是，悉所見
聞，增其未備，因廣其圖，至於數十，其諸沿革，統馭不可盡載
者，咸具副紙。山中無力傭書，積十餘年寒暑而後成。」[83]

83　朱思本繪、羅洪先增貉：《廣輿圖・序》，嘉靖三十四年初刊本，中國

　　《廣輿圖》是我國歷史上現存最早、最準確的分省地圖，以總圖為首，按行政區劃分幅列圖，並附有專門性地圖，為一部綜合性地圖集。首列輿地總圖，其次為分省輿地圖和九邊圖。計有：兩直隸、十三布政司圖（16 幅），九邊圖（11 幅），洮河、松潘、虔鎮、麻陽諸邊圖（5 幅），黃河圖（3 幅），漕河圖（3 幅），海運圖（2 幅），朝鮮、朔漠、安南、西域圖（4 幅）。除兩直隸、十三布政司圖是根據朱思本《輿地圖》改編繪製外，其餘地圖均為羅洪先所增繪。另外，在每幅圖背還附有圖敘、表解，以補充說明每個省區的沿革、形勝、府、州、縣所轄的範圍和計徵求田賦數字等，是研究明代歷史和地理的重要史料。

　　為了準確繪製《廣輿圖》，並便於翻閱、攜帶和保存，羅洪先依一定的比例尺繪制，比例尺的大小因圖而異，「據畫方，易以編簡」，將大幅改為小幅，單張圖改為地圖冊，便於刊行、流傳。又首創圖例標志，對山川、湖泊、道路以及州、府、縣、衛、所等分別用二十四種不同符號標明。圖形輪廓比較正確，山脈用寫景法表示，河流用雙曲線繪制，湖泊用圓圈加繪波紋表示，地名用方、圓、菱形等多種符號定點，名稱注記在符號旁邊。這種處理，能使看圖者對山川、湖泊、道路和府、州、縣、衛、所等級行政區方位的所在以及距離遠近一目了然。這在當時來說實為創舉，在地圖學發展史上有極重要意義，其首創的不少方法和符號至今還在沿用。羅洪先改編後的省區圖幅，較朱思本

國家圖書館藏。

的《輿地圖》更為精確，每幅省區分圖與現在國內出版的實例地圖省區方位、大小大致相合，有很高的精確度。

《廣輿圖》於明代嘉靖三十四年第一次刊印，至清代嘉慶四年，二百多年中共刊印六版，廣為流傳，為西學東漸之前由中國人所繪製的最為科學、精確的地圖，為明中期至清中期地圖繪製的藍本與規範，對後來的地圖學產生了重要影響。羅洪先本人堪稱與荷蘭著名地理學家基哈德斯·墨卡托（Gerardus Mercator，1512-1594）同時代的東方最偉大的地圖學家。

郭子章與《郡縣釋名》

我國傳統地名學以考釋地名淵源為主要特徵。這種特徵在先秦時代已露端倪，東漢時期以班固、應劭的著作為代表而漸趨完善，至南北朝、隋唐以降逐漸走向成熟。然而，自從第一部具有地名學研究內容的著作《漢書·地理志》問世以來，從未有過單獨考釋地名淵源的專門著作。直到明朝萬曆年間郭子章的《郡縣釋名》問世，才彌補了這一缺憾。

郭子章（1543-1618 年），字相奎，號青螺，別號蠙衣生，泰和人。隆慶五年進士，除授福建建寧府推官、攝延平府事，入為南京工部虞衡清吏司主事，又督榷南直隸太平府、領鳳陽山陵（即明祖陵）事。萬曆十年，遷廣東潮州府知府，四年後督學四川，歷任浙江參政、山西按察使、湖廣右布政使、福建左布政使。萬曆二十六年為右副都御史巡撫貴州、兼制蜀楚軍事，與湖廣川貴總督李化龍合力剿平播州楊應龍叛亂，又多次平定貴州苗、瑤騷亂，以功封兵部尚書、右都御史，加太子少保銜。郭子章與許多任職於翰林院、內閣的江西士大夫不同，他任職中外，

屬歷練型官員，深諳各地風土人情。又讀書不輟，「文章、勳業亦爛然可觀」。史稱「能文章，尤精吏治」，「於書無所不讀」，「宦轍所至，隨地著書」，「著述幾於汗牛」，「以為歐陽永叔之後，一人而已」。

據《明史・藝文志》、《四庫全書總目》、《清代禁書知見錄》等所作的統計，郭子章的著作有九十二種、數百卷之多，傳世著作有《蠙衣生易解》、《蠙衣生馬記》、《蠙衣生劍記》、《蠙衣生文章》、《蠙衣生養草》、《平播始末》、《豫章書》、《豫章詩話》、《續豫章詩話》、《豫章雜記》、《廣豫章災詳記》、《聖門人物志》、《郡縣釋名》、《阿育王山志》、《黔類》、《黔草》、《黔記》、《黔小志》、《六語》、《蜀草》、《晉草》、《楚草》、《家草》、《西南三征記》、《官釋》、《潮中雜記》、《博集稀痘方論》等。

《郡縣釋名》是一部關於萬曆時期兩京十三布政使司及其所轄各府、州、縣名稱來歷的著作。書前有浙江寧波府人王佐撰《大司馬青螺郭公郡縣釋名序》、郭子章自撰《郡縣釋名序》。該書體例以布政使司（省）為綱，各篇冠以省名，如《北直隸郡縣釋名》、《江西郡縣釋名》等，其餘依次類推；北直隸、山東、江西、廣東、廣西五省還有小序。該書卷帙合計二十六卷。

關於地名，郭子章有一段著名的言論：「意者地之靈、人之傑，不盡係名稱耶？地靈人傑，則以曲阜、騶人而生孔、孟；地薄人悍，即以元城、隴西而生莽、卓。」[84]他很早就對地名產生

84　郭子章：《郡縣釋名・自序》，《四庫存目叢書》史部第一六六至一六七冊。

了興趣，並立志探索地名的淵源。他的四個兒子孔建、孔延、孔太、孔陵分別是他在為建寧府推官、攝延平府事、督榷太平府、領鳳陽山陵事時出生的，均以當時出生的地名為名。萬曆十五年，郭子章督學四川，來到重慶府大足縣，問諸生「大足」之義，諸生舉山中巨人跡以對，又稱土肥人富，乃稱大足，但郭子章認為這些都是「曲為之辭」。於是發憤鑽研，遂有《郡縣釋名》問世。此書的寫作經歷了十分漫長的時間，各省釋名係陸續撰成。現在所知的最早刻本出現在萬曆四十二年。

歷來地名的釋義，眾說紛紜，其中不免穿鑿附會，以訛傳訛。郭子章不被這些說法迷惑，對於一些似是而非又十分流行的說法逐一辨正，頗具真知灼見。在該書中，郭子章對地名學的規律進行了探索，發表過許多精辟的見解。在總結江西境內地名命名情況時說：「大都江右之名不出山水、人物，則出年號、祥瑞，於義無甚玄。」據《江西郡縣釋名》上、下兩卷，江西全省的縣名，由山水得名者十九個，由人物得名者四個，由年號得名者三個，由祥瑞得名者十六個，總計四十二個，占被釋江西地名八十個的一半以上。可見郭子章的這個歸納抓住了要害。即使對於同一地名的闡釋，《郡縣釋名》也比其他書更為詳盡。如江西泰和縣，《明史·地理志》云：「元太和州，洪武二年四月改為泰和縣」，《方輿紀要》僅有「本朝改太為泰」一語，郭子章則說：「明改吉之太和為泰和，別於鳳陽、大理之太和耳。」[85]原

第七章·明代江西的文學藝術與科學技術

---

85 郭子章：《郡縣釋名·自序》，《四庫存目叢書》史部第一六六至一六七冊。

來，明初鳳陽、大理、吉安三府均轄有太和縣，為避免同名，才將江西吉安府的太和縣改成了泰和縣。對於一些不得其解的地名，郭子章寧付闕如，在《郡縣釋名》中直言「義未詳」，不妄下斷語，不望文生義。他注意到廣西許多地名帶「羅」字，苦無釋義，曾在柳州府羅平縣下云：「宋開寶中置羅城縣，義未詳。柳州地名『羅』者甚多，如羅池、羅艾山、羅洪洞，皆有『羅』，義不獨羅城。」今天，我們知道在壯語裡「羅」字大部分為「山」的意思，小部分為「田」的意思，「羅」字地名集中分布在廣東西部和廣西東部的西江流域，那一帶山嶺崎嶇，山中田疇棋布，壯族的先民千百年來就生息其間，這是「羅」字地名由來的地理基礎。《四庫全書》將《郡縣釋名》列入存目，指責說：「其書以郡縣地名一一詮釋其文義，文義可通則略為訓詁，如福州則云取百順之名、永清則云取邊境永清之類，皆固陋之甚。至不可解者，則置而不言，亦何取於釋名乎？」不免過於苛求。

郭子章對地名的解釋主要依靠的是文獻材料，同時也結合親身見聞與實地考察，對當時的一四一一個政區地名作了淵源解釋，涉及自然地理、人文地理二十多個方面的內容。如此解釋全國政區地名的著作，《郡縣釋名》可謂前無古人。

《郡縣釋名》的完成，與郭子章直接參與新置政區地名的命名有一定的關係。郭子章巡撫貴州長達十一年之久，平定楊應龍叛亂是他的主要政績之一，平叛後曾向萬曆皇帝進呈《播平善後事宜疏》，認為：「播州之名，其來已久；播之為字，番之有才者也，以故應龍阻兵。」所以，「播之為名，似當更易，伏乞聖裁」，建議將播州之地「改設郡縣」，「東、西可設二府，每府可

設二三縣」。這一建議為明廷採納，於是置為遵義、平越二府。郭子章《四川郡縣釋名》遵義府下寫道：「萬曆二十七年，（楊）端孫、（楊）應龍叛，詔合四川、湖廣、貴州三省兵討之。予承乏巡撫貴州，遂協力，以二十八年平播獻俘，改土為流。一曰遵義府以隸蜀，一曰平越府以隸黔。遵義者，遵王之義也。」又在《貴州郡縣釋名》平越府下云：「萬曆二十八年播平，總督李化龍會同子章、巡按宋興祖奏請分播地為二府，二十九年詔名遵義、平越，遵義屬蜀，平越屬黔。黔因有平越衛，今以衛屬府，為軍民府，故因衛名。」

　　郭子章宦跡半天下，以數十年之功著成《郡縣釋名》，不僅全面地詮釋一四一一個政區地名，而且對區域地名特徵，如因水為名、地形地名、物產地名、美願地名、人物地名、避諱地名、國號地名、地名通名、異地同名等傳統地名學內容均有獨到的見解，某些方面的創見已上升到地名學理論的高度。作為明代傑出的地名學家，郭子章的《郡縣釋名》是繼承《漢書‧地理志》以來地名淵源解釋的集大成之作。

　　《廣輿圖》、《郡縣釋名》之外，明代江西籍學者撰寫的重要地理著作還有：

　　金幼孜著《北征錄》。金幼孜（1368-1431 年），名善，以字行，號退庵，新淦人。建文帝時進士，成祖時遷文淵閣大學士。仁宗朝任禮部尚書兼武英殿大學士。宣宗時修兩朝實錄，任總裁官。金幼孜曾隨成祖歷次北征，所過山川險要處，成祖命記之，據馬鞍立就。《北征錄》撰成於行軍途中，分為前後兩錄，分別詳記兩次北征期間成祖言行，行軍作戰情況，以及行軍路程、山

川勝跡、見聞趣事等，既為地理著作，也為研究明與蒙元殘部戰
爭的參考書。

伍福著《咸寧縣志》、《陝西通志》、《三吳水利論》。伍福
字天錫，臨川人，正統年間舉人，歷任咸寧教諭、陝西按察副
使。伍福風格高邁，詩文典雅，兼工書法，編著還有《蘋野纂
聞》、《南山居士集》、《雲峰清賞集》、《說扈強志》等。

第三節 ▶ 宋應星與明代江西的科學技術

一　吳伯宗與江西的天文歷算家

吳伯宗（1334-1384），名祐，以字行，金溪人。洪武四年廷
試第一，授禮部員外郎，與修《大明日歷》。因不附胡惟庸，謫
居鳳陽。上書論時政，指斥胡惟庸專恣不法，不宜獨任，久之必
為國患。奉命出使安南，還任國子助教，進講東宮，改翰林院典
籍。朱元璋製十題命賦，援筆立就，詞旨雅潔。改任太常司丞，
不就；再改司業，亦辭。忤旨貶金縣教諭，未至任而召為翰林檢
討。洪武十五年進武英殿大學士。洪武十六年，坐弟仲實罪，降
檢討。洪武十七年四月二十八日卒於官。《明史》評價吳伯宗：
「為人溫厚，然內剛，不苟媕阿，故屢躓。」[86]有《吳伯宗全
集》、《榮進錄》等。吳伯宗又酷愛天文，曾與回族天文學家一

86　《明史》卷一三七《吳伯宗傳》。

起翻譯《回回曆法》，並奉詔修訂《大明日曆》。

在元代，回族天文學家將西域和阿拉伯天文學介紹到中國，為中國天文歷算的發展作出了重大貢獻。明朝保留了元朝的天文學機構——回回司天監，留任了原回回司天監的十四位穆斯林天文學家，如回回大師馬沙亦黑、黑的兒、阿杜拉、鄭阿裡、阿答兀丁、馬哈麻等。明洪武十五年，明太祖命馬沙亦黑、馬哈麻等回族天文學家與吳伯宗、李翀合譯洪武初年得於元大都之回回歷等「秘藏之書數十百冊」，於洪武十六年譯出《明譯天文書》（亦稱《天文寶書》）、洪武十八年譯出《回回曆法》。《天文書》係波斯天文學著作，書中說星分六體，這是星等概念在漢文中的初次出現，列有十二個星座共三十顆星的星等和黃經。這部書的翻譯，第一次將西方有關「星」的要領以及二十個西方星座名稱介紹給漢語人群。《回回曆法》根據阿拉伯天文學的計算方法，充分利用馬沙亦黑等天文學家的觀測結果以及元朝時搜集的資料加以綜合編譯而成。《回回曆法》所運用的許多天文數字都達到了當時世界先進水平，成為明朝天文學的一部重要著作。《明史·歷志七》記《回回曆法》：

洪武初，得其書於元都。十五年秋，太祖謂西域推測天象最精，其五星緯度又中國所無。命翰林李翀、吳伯宗同回回大師馬沙亦黑等譯其書。其法不用閏月，以三百六十五日為一歲。歲十二宮，宮有閏日，凡百二十八年而宮閏三十一日。以三百五十四日為一周，周十二月，月有閏日。凡三十年月閏十一日，歷千九百四十一年，宮月日辰再會。此其立法之大概也。

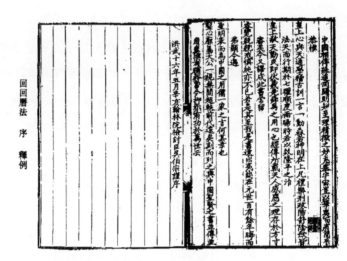

·《回回曆法》書影,《續修四庫全書》本。

　　這兩部書使阿拉伯的許多重要天文學成果首次傳入中國,對中國天文學的發展產生了重要影響。萬曆十二年十一月,《大統曆》推日食九十二秒,《回回曆》推不食,結果《回回曆》應驗,禮科給事中侯先春建議:「《回回曆》推算日月交食、五星凌犯,最為精密,何妨纂入《大統曆》,以備考驗。」詔可,因並二曆。此後,《回回曆》與《大統曆》參用長達二七〇餘年,在中國歷史上起過重要的作用。

　　明清之際,江西又出了一位天文學家,建昌府廣昌縣人揭暄,其傳世之作為《璇璣遺述》(一名《寫天新語》)。

　　揭暄(1614-1697 年),字子宣,別號半齋。明末清初著名的軍事著述家、天文學家和數學家。揭暄自幼聰明好學,一覽成誦,博聞強志,「好精湛之思」,「於諸子、詩賦、數術、天文、軍事、歧黃等無所不窮」,時人皆稱「才品兼優,德學並茂」。

年輕時，揭暄曾在家鄉組織義兵抗擊清軍，失敗後隱居家鄉，致力科研和著述。對天文學家方以智執弟子禮，與方以智之子方中通討論天文學，成《揭方問對》一書，並與天文學家游藝、梅文鼎交好。著有《璇璣遺述》、《揭子兵經》、《揭子戰書》、《周易得天解》以及《道書》、《射書》、《星書》、《火書》、《輿地》、《水注》等共十七部，涉及天文、地理、軍事、歷史等眾多領域。

《璇璣遺述》是揭暄耗五十年精力寫成的一部天文學力作，該書不僅闡發了他在天文學方面的驚人創見，還體現了其淵博的數學知識，同時也可視為中國理學宇宙論與西學碰撞交融的結果。在《璇璣遺述》及《昊書》中，他主要討論了天體運行機制及自轉的問題，並獨立地提出了天體自轉思想。在《璇璣遺述》開篇，他批評西方天文學「其說愈精，其理愈晦，其算愈確，其故愈支」，認為「泰西則分天九重」，「層各堅實，相包而不通」，[87]雖然不無道理，卻不免意氣用事，反顯偏執。而其天體運行思想就總體而言，卻代表著當時國內的先進水平。揭暄提出，實際上天球以地為中心，但天不是固體，只是一層從東到西高速旋轉的氣。這層氣每天轉一周，速度極快，因此可對各個天體產生約束。日月五星按輕重大小分布在不同高度的氣中，恆星分布在最外層。所有的星體（包括地球）均在氣旋推動下旋轉。在此基礎上，揭暄進一步推想，當氣推動天體運動時，由於天體本身慣性的作用，必然會激起自轉。他還提出天球是圓形的，而

星體也是圓形的，既然天球能旋轉，星體也應該能旋轉。《清史稿》評價他「論日月東行如槽之滾丸，而月質不變。又謂七政之小輪，皆出自然，如盤水之運旋而周遭，以行疾而成旋渦，遂成留逆。於五星西行，日月盈縮，皆設譬多方，言之近理。」梅文鼎閱畢揭暄所寄《璇璣遺述》草稿，讚譽他「深明西術而又別有悟入，其言多古今所未發」[88]。方以智也稱其為「出千古下，集千古智」，「其論出於大西諸儒之上」的千古奇人。揭暄的自轉學說在中國天文學發展過程中有著重要地位，具有開創性意義。

二　宋應星與《天工開物》

　　宋應星（1587-1666 年），字長庚，奉新人，明代傑出的科學家。宋應星出生在官宦之家，曾祖父宋景官至都察院左都御史，卒後追贈太子少保、吏部尚書。父親則一生沒有取得功名，在奉新縣做了四十年的生員。宋應星自幼聰慧過人，決心步曾祖後塵，作出一番聲名顯赫的事業。進入青年時代，宋應星把科舉入仕看作復興社會、濟國濟民的手段和施展抱負的必由之路。萬曆四十三年，時年二十八歲的宋應星與其兄一起在江西鄉試時同榜中舉，一時傳為佳話。但此後從萬曆四十四年至崇禎四年，宋應星同其兄先後六次進京參加會試，都榜上無名。在科舉場中屢受挫折、「六上公車而不第」之後，宋應星對功名逐漸冷淡，開始將主要精力用於游歷考察，著書立說。宋應星興趣十分廣泛，

88　《清史稿》卷五〇六《疇人傳一・方中通傳附揭暄傳》。

對農業、手工業生產都注意觀察和研究。在由奉新到北京的長途旅行中，他除了飽覽各地的風景之外，沿途停留時，走訪南北農田、作坊，考察各種農工業生產技術，激起了對學習技術的興趣和研究民生日用實學的渴望，時時將所見所聞記錄並描繪出來。每次落第而返，宋應星行囊中都裝有科學考察的筆記。

崇禎七年，宋應星任袁州府分宜縣學教諭。崇禎九年，撰《野議》，著《畫音歸正》。崇禎十年四月，完成並刊出了一生中最重要的著作《天工開物》；六月，著述《論氣》；七月，寫作《談天》。十一年，改福建汀州府推官。崇禎十四年，調升亳州知州。崇禎十五年，改任滁和道、南瑞兵巡道，創作《思憐詩》。十七年，明朝覆滅，清兵入關，宋應星棄官歸裡，以文字著述自娛，此後不再復出，卒於家。

宋應星著述頗豐，其代表作自然是「於功名進取毫不相關」[89]的《天工開物》。書名取自《易·系辭》中「天工人其代之」及「開物成務」，意即自然形成萬物，由人開發利用，強調的是自然力（天）和人力（工）的配合，表現的是一種具有普遍意義的科學思想。這種科學思想的核心意義是以「天」補「工」開萬物，或者是借助於自然力和人力的協調，通過技術從自然界中開發萬物。

我國古代農業、手工業、商業在明代都有一定程度的發展。農業的發展表現在耕地面積擴大、作物品種得到改良和增加，糧

89　宋應星：《天工開物·序》，《續修四庫全書》本。

食作物、經濟作物的單位面積產量和總產量都有了明顯提高，一些地區出現了專業化經營。手工業種類多，且已具備了一定規模，尤其是與國計民生關系較為密切的冶金、陶瓷、紡織等行業更為發達。商業和交通亦較發達，毋論富商大賈，即使一些小商小販也往往行程千里。農業、手工業和商業的發展，促進了科學技術主要是冶金、陶瓷、紡織等行業工藝上的發展，這就需要進行科學的總結，《天工開物》便是時代要求和個人因素的產物。

《天工開物》分上、中、下三卷，共十八章。此書的篇目次序依照「貴五谷而賤金玉」的觀點排列，體現了中國傳統的重農思想，但其中最精彩的部分是觀念中所「賤」的金玉特別是冶金技術。

上卷為《乃粒》、《乃服》、《彰施》、《粹精》、《作咸》、《甘嗜》六章，多數是和農業有關的。《乃粒》主要論述稻、麥、黍、稷、粱、粟、麻、菽（豆類）等糧食及油料作物的種植、栽培技術，並包括了各種水利灌溉機械在內的有關生產工具，特別詳細地介紹了以江西為代表的南方水稻栽培技術。其中所提到的用浸種法育秧、以砒霜為農藥拌種，以及作物與環境的關係等，都是中國古代先進農業生產技術與實踐的總結。《乃服》包括養蠶、繅絲、絲織、棉紡、麻紡和毛紡等生產技術，還有相關生產工具、設備、操作要點，重點介紹了浙江嘉興、湖州地區養蠶的先進技術和絲紡、棉紡機械以及大提花機的結構圖。在敘及蠶種時介紹了新蠶種的培育，反映了中國古代生物學上的一項重要成就——人工雜交育種。《彰施》介紹各種植物染料和染色技術，對於蓼藍的種植和藍靛的提取，從紅花提取染料的過程敘述得比

較詳細，還涉及到各種染料的搭配和媒染方法。《粹精》敘述稻、麥等的收割、脫粒和磨粉等農作物加工技術和工具，側重於介紹加工稻穀用的風車、水碓、石碾、土礱、木礱和製麵粉的磨、碾等工具。所敘述的江西水磨，以水力為能源，通過立式主軸帶動各機件，同時具有灌田、脫粒和磨麵三種功能，是十七世紀世界上先進的農用機械。《作鹹》論述海鹽、池鹽、井鹽等鹽產地和製鹽技術，對海鹽和井鹽論述得比較詳細。《甘嗜》主要敘述甘蔗種植、製糖技術和工具，同時論及到蜂蜜和飴餳（麥芽糖），重點介紹了將水稻育秧法移植到甘蔗種植中，實行甘蔗移栽的新技術。各章各節所敘述的內容主次分明，重點產品重點研究，特別突出了先進地區的生產技術。

中卷共七章，都是手工業技術。《陶埏》敘述建築房屋用的磚瓦和日常生活用的陶器、瓷器（白瓷、青瓷）的制造技術和工具。重點是介紹景德鎮生產民用白瓷的技術，從原料配製、造坯、過釉到入窯燒結，都有說明。《冶鑄》是中國傳統鑄造技術論述最詳細的記錄，重點敘述銅鐘、鐵鍋、銅錢的鑄造技術和設備，包括施蠟、實模和無模鑄造等三種基本方法。《舟車》首先用數據標明了船舶和車輛的結構構件和使用材料，同時說明各種船、車的駕駛方法，詳細介紹了大運河上航行的運糧船「漕船」。《鎚鍛》系統敘述了鐵器和銅器的鍛造工藝，討論範圍從萬斤大鐵錨到纖細的繡花針，還有斧、鑿、鋤、鋸等各種生產工具的製造、焊接、金屬熱處理等加工工藝，其中記載了一項先進的金屬加工工藝——「生鐵淋口」。《燔石》論述採煤及燒製石灰、礬石、硫磺和砒石的技術，還論述了煤的分類、採掘和井下

安全作業。《膏液》介紹了十六種油料植物子實的產油率，油的性狀、用途，以及用壓榨法、水代法提取油脂的技術和工具，還談到柏皮油的製法和利用柏皮油製蠟燭的技術。《殺青》敘述紙的種類、原料和用途，詳細地敘述了造竹紙和皮紙的全套工藝技術和設備。

下卷包括五章，也屬於手工業技術。《五金》介紹金、銀、銅、鐵、錫、鉛、鋅等金屬礦開採、洗選、冶煉和分離技術，還有灌鋼、各種銅合金的冶煉和生產設備圖。這一章記載了不少工匠的創造發明，如以煤煉鐵，用活塞風箱鼓風，直接將生鐵炒成熟鐵，以生鐵與熟鐵合煉成鋼等。《佳兵》記載弓箭、弩等冷兵器和火藥、火器的製造技術，包括火炮、地雷、水雷、鳥銃和萬人敵（旋轉型火箭彈）等武器。《丹青》主要敘述以松煙及油煙製墨及供作顏料用的銀朱（硫化汞）的製造技術，產品均為文房用具。《曲蘗》記述酒母、藥用神曲及丹曲（紅曲）所用原料、配比、制造技術及產品用途，其中紅曲具有特殊性能，是宋朝以後才開始出現的新品種。宋應星把《珠玉》置於卷末，主要敘述在南海採珠，在新疆和田地區採玉，在井下採取寶石的方法和加工技術，還談到了瑪瑙、水晶和琉璃等。

《天工開物》圖文並茂，形象生動地展示了工農業各有關生產過程，反映了我國勞動人民的智慧和創造才能，是研究我國古代科技的寶貴資料。除文字敘述外，還有一二三幅插圖，所繪插圖精美細致，比例恰當，有立體感，已具備現代工程畫的一些特點。

《天工開物》是我國歷史上第一部從專門科學技術角度，把

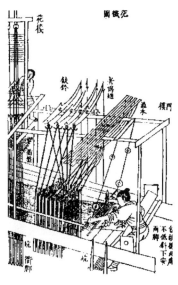

·提花機圖,《天工開物》卷上《乃粒》。

·風車圖,《天工開物》卷上《粹精》。

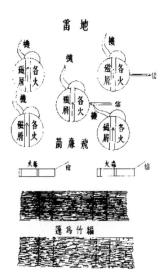

·地雷與炸地雷圖,《天工開物》卷下《佳兵》。

農業和手工業的十八個生產領域中的技術知識放在一起進行研究的著作，對明代及以前的農業和手工業方面積累起來的技術經驗作了比較全面和完整的概括，並使它系統化，構成了一個科學技術體系。由於作者所引用的資料，是以江西農業、礦業和手工業為基礎的，所以有不少研究者認為，《天工開物》首先是對江西傳統科學技術的總結。但這只是事情的一個方面。如果考慮到明代中國西南的礦業多由江西商人控制，則從鑄冶的角度來說，《天工開物》所反映的，又不僅僅限於江西，而是反映了全國主要礦業生產地區的狀況。之所以認為《天工開物》首先是對江西傳統科學技術的總結，是因為「滇南黔湘冶金採礦之業，又皆操於先生鄉人之手」（前引丁文江語）。

《天工開物》於明崇禎十年初刊於南昌，之後很快便由坊間再版，並被清代官刻大型著作《古今圖書集成》及《授時通考》廣泛摘引。乾隆時修《四庫全書》時，在江西進獻的書籍中，發現宋應星哥哥宋應升的《方玉堂全集》及宋應星友人陳弘緒等人的著作中有反清思想，《天工開物》也因此與《四庫全書》無緣。乾隆以後，再沒有人刊刻《天工開物》，故此書在清代沒有得到更為廣泛的傳播。直到一九二七年，在丁文江、章鴻釗、羅振玉、陶湘等人的努力之下，《天工開物》才得以在天津重印。一九五〇年代初期，在寧波發現了《天工開物》的原刻本，不久由中華書局上海編輯所（今上海古籍出版社）影印出版，才受到普遍重視。雖然如此，《天工開物》卻傳入國外，產生了很大的影響。十七世紀末，《天工開物》傳入日本，成為江戶時代日本各界廣為重視的讀物，刺激了「開物之學」的興起。二十世紀

初，此書又被譯成現代日語，至今暢銷。十八世紀，《天工開物》傳到朝鮮，成為李朝後期實學派學者參引的重要著作。一八三〇到一八四〇年間，《天工開物》中的《丹青》、《五金》、《乃服》、《彰施》及《殺青》等章被摘譯成法文，接著轉譯成英文、德文。《乃服》中的養蠶部分被譯成意大利文和俄文，達爾文曾讀過這部分內容，並作過轉引。一八六九年，《天工開物》有關工業各章的法文摘譯刊於巴黎。一九六四年，有關農業的前四章被譯成德文。一九六六年，《天工開物》全書被譯成英文，在美國出版。法國學者S·儒蓮（Julien）稱此書為「技術百科全書」，日本學者三枝博音稱其為「中國有代表性的技術書」，英國學者李約瑟（Joseph Needham）把《天工開物》作者宋應星稱為「中國的阿格裡科拉」和「中國

·《天工開物》崇禎十年刊本書影。

·《天工開物》一九二七年重印本書影。

的狄德羅」。可見這部書在世界科學史中占有重要的地位。[90]

三　金溪龔氏與江西的醫學家

明代江西的醫學在元代的基礎上有更大的發展。其表現，一是明代江西出現了眾多的名醫和良醫；二是這些醫家對各種疾病有更廣泛的研究並有不少著述問世；三是明代江西的醫家治療各種病的技術有長足的進步。尤其值得一提的是，有少數醫家還掌握了人痘接種法治療天花。

在明代的江西諸醫學家中，以金溪龔氏影響最大，其著述在中國醫學史上有重要的地位。[91]

龔信是明代金溪龔氏的第一位名醫，字西園（一說字瑞芝），正德、嘉靖時以醫術聞名於世，曾任太醫院醫官，編纂過《醫學源流肯綮大成》，著有《古今醫鑑》八卷，其子龔廷賢付梓刊行。《古今醫鑑》為綜合性醫書，上自《內經》、《難經》等經典，下及金元各名家的學說，並結合作者本人的醫療實踐總結論述諸病症，首論脈訣、病機、藥性、運氣，後述內、外、婦、兒各科症治。每病皆按脈、證、方記述。全書內容豐富，理法方藥俱全，多切合臨床使用。書中還記載許多民間驗方、外治、針灸等，很有臨床參考價值。麻疹的病名最早見於此書，並從症候

90　參考潘吉星：《宋應星評傳》第十二章《國際影響》，南京大學出版社一九九〇年版。

91　康熙《金溪縣誌》卷九《方外》。

上與容易混淆的痘疹作了鑑別。

龔信之子龔廷賢，字子才，號云林山人，又號悟真子。廷賢幼攻舉業，後隨父學醫，又訪賢求師，中年醫名大振，後任太醫院吏目。因治愈魯王張妃臌脹，獲贈「醫林狀元」匾額，譽為「回天國手」。龔廷賢著述頗多，有《種杏仙方》、《萬病回春》、《復明眼方外科神驗全書》、《魯府禁方》、《壽世保元》、《小兒推拿方脈全書》及《雲林神彀》等。此外，《醫學准繩》、《經世全書》，《痘疹辨疑全幼錄》、《本草炮製藥性賦定衡》等，亦托名為龔氏所撰。其中以《萬病回春》和《壽世保元》流傳最廣。《萬病回春》是龔廷賢苦心十載搜集整理、參以己意著成的醫典，體現辨證詳明、選方恰當的特點，尤其對中風的敘述，頗有臨床參考價值。《萬病回春》卷末附有「醫家十要」和「病家十要」，涉及醫學倫理學、醫學社會學問題，是明代重要的醫德文獻。《壽世保元》是龔氏晚年所著，不但有許多前人的養生理論，而且搜集了大量延年益壽的秘方，較為切合臨床實用。龔廷賢行醫凡六十年，曾言「良醫濟世，功與良相等」，其著作淺顯實用，豐富了中醫寶庫，故數百年流傳不衰，並傳入日本、朝鮮等國。其弟廷器及子守國、守寧，侄懋官，門人吳濟民等，也都得其薪傳，以醫留名於世。

龔居中是金溪龔氏在明末的又一位名醫，字應園，號如虛子。精醫術，擅長內、外、婦、兒諸科，也曾任職於太醫院。著有《痰火點雪》、《外科活人定本》、《外科百效全書》、《幼科百效全書》、《女科百效全書》、《小兒痘疹醫鏡》、《福壽丹書》（又名《五福萬壽丹書》）等。所著關於癆瘵（肺結核）、外科、兒

· 《壽世保元》書影，《續修四庫全書》本。

科的重要著作，尤其是《痰火點雪》、《小兒痘疹醫鏡》為中醫理論的重要著作，有很高的臨床參考價值。《痰火點雪》（又名《紅爐點雪》）四卷，完成於崇禎三年，是一部專治虛損癆瘵的醫藥書。卷一、卷二論述癆瘵各種主證、兼證的證治；卷三介紹治則與雜證補遺；卷四為灸法及卻病秘訣和注意養生調息等方法。龔居中認為「痰火固為惡候，治之愈與不愈，亦在人之調攝何如爾」。對氣功療法研究較深，在這部書中，與氣功有關的有四部分，包括卻病秘訣、卻病延年一十六句之術、動功六字延壽訣及靜坐功夫。還輯錄了一些簡單易學、行之有效的練功方法，主要有「運睛除眼害法」、「自搓塗駐顏法」、「凝息袍固丹田法」、「運識五臟升降法」、「閉摩通滯氣法」、「鼓呵消積滯法」、「兜禮治傷寒法」等。[92]《福壽丹書》共七卷，為明代養生專

92　龔居中：《新刻痰火點雪》卷四，《續修四庫全書》本。

著，成書於明天啟四年。內容包括：一、安養篇，主要闡述衣、食、住、行、宜忌與長壽之關系；二、延齡篇，載諸仙修煉圖勢及秘訣；三、服食篇，錄有關抗老防衰、益壽延齡之食療、食養方；四、採補篇，介紹呂祖採補延年秘訣與房中養生至要；五、玄修篇，授氣功、煉丹之術，乾坤交媾之法；六、清樂篇，宣傳清樂之樂；七、髒腑篇，論述髒腑對人體之重要性與保護之方。

　　此外，明代江西還有眾多澤被一方、受人稱道的良醫，現擇較著者簡述如下：

　　沈應善，字嘉言，南昌人。科舉屢試不中，一日夢見神人說「上帝命汝活千萬人，寧可守一編以自負乎」，遂立志學醫。初學《素問》、《內經》諸書，繼學導引之術及秘藏諸方。於是醫名漸振，藥到病除，疾病流行時則「捐資貯藥以濟人」。家設「來安堂」，免費救死扶傷，深得貧苦大眾贊頌。著有《素問箋釋》、《醫貫集補》等。**[93]**

　　彭用光，廬陵人。始以醫術聞名於當地，後出游並行醫於河北、河南、浙直、廣東等地，療效卓著。尤善太素脈。**[94]**所著《原幼心法》共三卷。上卷主要論述孕產及小兒養護所應注意的問題。中卷及下卷以證為綱，將小兒病自幼及長分成二十七門，每一門又分別論述病因病機、四診用藥、治則治法，並據證定方。書中還採用詩歌、賦的形式，並附有圖譜，使全文形象易

93　康熙《新建縣誌》卷二八《人物傳》。
94　萬曆《吉安府志》卷三一《雜記》。

懂，便於記誦。全書方論證治完備，廣徵博引，間述新見，於治則治法論述頗多。該書推原本始，重視胎教。治法多樣，重視外治。書中一些醫學觀點，如信醫不信巫、無子之因不可盡歸咎於母等，頗有見地。此外還有《體仁匯編》六卷，摘錄王叔和、李東垣脈訣藥性等書及治驗方藥，以及同縣趙銓《太素鈔》之精粹。又有《簡易普濟良方》、《潛溪續編傷寒蘊要》（又作《續傷寒蘊要全書》）、《簡易便覽眼目方》等。

趙銓，字仲衡，號石亭子，盧陵人。少習科舉，以諸生入監貢，雖任兩地知縣，但不廢醫業。嘉靖時獲大學士夏言賞識入京城，因治愈嘉靖皇帝疾病，官至太醫院使，但不欲久仕，辭官歸里，著書行醫。遇求醫者即赴之，且有醫德，不受病人財物。所著有《春風堂集》、《石亭醫案》、《岐黃奧旨》、《太素脈訣》等，均佚。[95]

曠處良，字易直，永新人，少時讀書，後精究《素問》、《靈樞》、陰陽五行之理，集古今名醫之論，鄒元標等人延入京師開講醫學。著有《曠氏家抄》、《醫檻要刪》等書行世。其後代世傺傳其家世，以醫聞名同郡。當地有諺語「命非景儒不談，藥非世傺不服」流傳，因劉景儒精通星術，故以之相配。[96]

王九達，德安人，因性情放蕩不羈，遭官府追捕，逃亡於吳越之間。與當地文人筆墨應酬，遂定居江南，晚年思歸故里，逝

95　光緒《吉安府志》卷三七《人物志》。

96　同治《水新縣誌》卷二〇《方技》。

於家中。「攻醫，自司心法，凡遇奇病，治輒應手斷除，崇禎間典職太醫」。著有《素問靈樞合類》九卷、《心傳》九種。[97]《素問靈樞合類》將「素問」和「靈樞」內容分類合編而成。共分攝生、藏象、經度、運氣、脈候、色診、病能、論治、針刺九類，在各篇原文之後均有題解及注釋，是分類研究《內經》的著作之一。

潘濤，上高人，世代業醫，「至潘濤而名愈顯，全活者甚眾，嘗著《醫學繩墨》一書行世」。[98]

蕭九賢，字慕白，會昌人，精內外諸科。洪武中任里長，解運土物至南京，時馬皇後患病甚危，太醫治而不效。應召診視，投劑三日而愈，授太醫院吏目，馳驛歸里。所著《外科啟鑰》、《回生要義》，均佚。[99]

喻昌（1585-1664年），字嘉言，晚號西昌老人，新建縣人。喻昌是明清之際具有傳奇色彩的名醫，在中醫史上有較大的影響，被視為清初三大名醫之一。喻昌本姓朱，為明寧獻王朱權後裔，明亡後畏禍改成「喻」姓。自幼習舉業，少時能文而放蕩不羈，與陳際泰交游。崇禎中以副榜貢生入京上書言國事，詔征不就。後值清兵入關，遂皈依佛門，兼事醫術，往來南昌、靖安間。順治初年，應錢謙益之邀，蓄發還俗，遍游江南，僑居常熟

97 同治《九江府志》卷四一《方技》。
98 同治《瑞州府志》卷一五《人物》。
99 同治《贛州府志》卷五八《藝術》。

直至逝世。《清史稿》稱其「以醫名，治療多奇中，才辯縱橫，不可一世。」[100]錢謙益在順治八年所作的《贈新建喻嘉言》，基本上概括了喻昌的生平事跡和精神風貌。詩云：

> 公車不就幅巾征，有道通儒梵行僧。
> 習觀湛如盈室水，煉身枯比一枝藤。
> 嘗來草別君臣藥，拈出花傳佛祖燈。
> 莫謂石城難遁跡，千秋高獲是良朋。

喻氏認為「吾執方以療人，功在一時；吾著書以教人，功在萬裡」，因此一生的許多精力放在著書立說和教授生徒上。著有《寓意草》、《尚論篇》、《醫門法律》、《瘟疫明辨》及其他九種醫書，前三書合稱為《喻嘉言醫學三書》。《寓意草》為喻昌手訂治療內科雜病或傷寒等疑難雜病症的六十餘則案例，強調治病必先識病，見病然後議藥的原則，並訂立議病格式，規範病症書寫等要求，內容詳盡，是中醫史上醫案書寫的典範，至今仍有借鑑意義。《尚論篇》分前後兩篇，前為尚論篇，以論述六經證治為旨趣，意在恢復張仲景傷寒論原貌，並條分縷析，詳加詮釋；後篇論述溫症、傷寒、真中風、小兒諸症。《醫門法律》闡釋臨床辨證論治法則，揭示臨床診治錯誤的禁例。此書體例謹密，析理透徹，法律顯明，「專為庸醫誤人而作，分別疑似，使臨診者

100 《清史稿》卷五〇二《喻昌傳》。

不敢輕嘗，有功醫術」。喻昌久居江南，培養了一大批醫術高明的醫生，如名醫徐彬、程林等，且其後代世為中醫。

第八章——

明代江西的社會
風俗及其嬗變

第一節 ▶ 歲時節令

一 春季

按照中國古代的歷法，農曆一、二、三月為春季，主要節令有元旦、立春、上元、清明等。

元旦[1]又稱元日，農曆正月初一，以其為新的一年的開始故云。中國古代十分重視元旦，《漢書》中有「三元」、「三朝」、「四始」之說。一年的歲、月、日、時皆從元旦開始，古人又稱之為「履端」。

明代，皇帝每年元旦日的清晨在奉天殿接受群臣拜賀。宮中，宮女、宦官等五更起身，爽香、放鞭炮，將門閂或木槓在院中地上拋擲三次，稱「跌千金」；飲椒實、柏葉浸泡的椒柏酒，吃水點心即扁食，或暗包二枚銀錢於其中，得之者以卜一歲之吉；宮內互相拜祝，稱「賀新年」；用烏金紙或草做成鬧蛾、蝴蝶等簪在頭上，「以應節景」[2]。地方官員則赴省（府、縣）隨隊行朝賀禮，謁文廟、城隍廟，拜官長，然後拜親友。如在南安

---

1 「元旦」有很多不同的名稱。東漢崔寔・《四民月令》說：「正月元旦，是謂正日。」宋朝人蒲積中編《歲時雜詠》一書中「元日」部分從三國到宋朝的詩歌，就有正旦、元正、元日、新年、初年、太歲日、歲日、朝元、歲旦、新正等名稱，其中以元旦最晉遍。明清地方誌中的風俗志，一般稱正月初一為元旦。元旦及新年的名稱一直流行到今天，不過自一九一一年辛亥革命後元旦及新年是指陽曆（西曆）的每年第一天，而傳統的元旦則相當於現在陰曆的春節。

2 劉若愚：《酌中志》卷二〇《飲食尚紀略》。

府，官方慶賀元旦的儀節是，南安府知府率僚屬及千戶所、大庾縣各屬，先於前日設龍亭、儀仗、金鼓、旗樂等，各具朝服於玄妙觀習儀，仍用鼓樂，迎龍亭儀仗設於府堂。元日天剛亮，即具朝服，行舞蹈，山呼祝禮如制。禮畢，參廟，知府率僚屬盛服詣文廟。行禮畢，詣城隍廟。行禮畢，各屬官生吏胥赴府行慶賀禮。以後每月朔望詣文廟行禮畢，升明倫堂講書。之後，詣城隍廟行禮。[3]所屬南康、上猶、崇義三縣禮同。在南康縣，「知縣率僚屬先一日設龍亭、儀仗、金鼓、旗樂，各具朝服。……至日質明，具朝服行舞蹈，山呼祝禮如制。」[4]

百姓也是五更或雄雞初鳴時起身，穿上盛裝，擺設酒果香燭，接神，拜天地，祭祀祖先。祭祀畢，奉酒為年長者祝壽，然後出見鄉鄰，互賀新年。各家設宴招待鄉裡親鄰拜賀者，至初三、初五日止，有的延至二三月者。在南康縣，正月元旦族長率族人方輿時之吉，曰「出行」；插燭焚香合拜神祇，謁先祖；既而拜尊長，退而往視親鄰相賀；歸則長幼宴飲，曰「年酒」。[5]新城縣元日，男婦各盛服祀祖先、拜尊長，然後出謁親族鄰里。初一至初五謂之「節假」，互相慶賀。[6]瑞州府元旦，拜祖畢，親族相賀，初出曰「出方」。初三日清晨執杖歡噪以逐兔，取驅逐瘟

3　嘉靖《南安府志》卷一〇《禮樂志》。
4　嘉靖《南康縣誌》卷四《禮制》。
5　嘉靖《南康縣誌》卷一《風俗》。
6　正德《新城縣誌》卷一《地理・風俗》。

疫之意。[7]建昌府歲首，人最重年。親族裡鄰咸衣冠交賀。凡三日不掃除，不傾水，謂之「聚財」。[8]鉛山縣禮重歲首，歲首三日不掃除，以為聚財。[9]南安府於元旦，先祭拜祖先，設先世遺像焚香燭率長幼男女展拜，拜畢，則少長倫序以次拜賀，然後親友交相拜曰「賀年」，如此三四日。拘忌者預擇所行利方始出，以為向往。至初六、初七，閒適者攜酒果出游為樂，年少者群伙游戲，衢市設神會，夜則擊鑼鼓歌飲，名「鬧船」。[10]瑞金縣春節期間有跳儺的習俗：「元旦以後事儺最盛，男神則龍，女神則鳳」[11]。

立春 一年二十四節氣之首，在每年公曆二月四日前後。但在中國的農曆，立春卻是一個變動較大的日子，一般在十二月中下旬至正月的上旬。如果遇上閏月，則有可能一年有兩個立春日，而次年則有可能沒有立春日。不管立春是在十二月還是正月，都象徵著春天的到來，預示著一年農事的開始，古人以之為「春節」。立春是一個節氣，又是一個節日，與農業生產有著極其密切的關係。在中國歷史上，於立春舉行的迎春禮就是一個重要的農業禮儀。立春日吃春餅稱為「咬春」。明代皇帝立春日照例要在奉天殿接受朝臣們的賀禮，朝賀之後賜宴。而在北京東直

7　正德《瑞州府志》卷一《地理志‧風俗》。
8　正德《建昌府志》卷三《風俗》。
9　嘉靖《鉛山縣誌》卷二《風俗》。
10　嘉靖《南安府志》卷一〇《禮樂志》。
11　康熙《瑞金縣誌》卷二《地輿志‧風俗》。

門外五裡則立春場，建春亭。立春前一日，順天府長官率僚屬至東郊迎春。迎春時，京師勳戚、內臣、達官、武士赴春場跑馬，比較優劣。立春日，人不分貴賤，皆咬蘿卜，稱「咬春」；互相請宴，吃春餅和菜，以綿塞耳，「取其聰也」。[12]各地官府行鞭春禮。鞭春（也叫打春）時，有樂隊，用鼓吹，官員們在知府（知縣）的帶領下，繞土牛（紙扎或泥塑的牛）三周，象徵性地鞭打幾下，然後由衙役把土牛打碎，民眾爭搶碎土或牛紙，認為土塊或牛紙會帶來幸運。南安府凡是遇立春，預先於大庾縣東郭廣化寺塑造土牛、芒神，立春頭一天知府率領屬縣官員正式著裝，用鼓樂將土牛、芒神從東門迎入府儀門外安放。立春日天剛亮，知府穿朝服為「班首」，各官隨從行祭禮鞭擊。[13]各地的迎春儀式非常熱鬧，引得人們紛紛前來觀看。如南安府迎春日，「城市內外老稚集於通衢競看」。而且這一天還有吃春餅的風俗，「是日以麥為餅，裹生菜諸肉啖之，曰『春餅』。以後一月燕會多設餅，自春日始」[14]。建昌府新春時，集親友謂「會春」，客席謂之「春台座」[15]。

上元　正月十五日，道教以之為上元節。上元之夜稱元夕、元夜、元宵，各地有燃燈、觀燈之俗，所以上元節又稱燈節。在明代，上元是超過元旦、立春的更為熱鬧的節日。沈德符在《萬

12　劉若愚：《酌中志》卷二〇《飲食好尚紀略》。
13　嘉靖《南安府志》卷一〇《禮樂志》。
14　嘉靖《南安府志》卷一〇《禮樂志》。
15　正德《建昌府志》卷三《風俗》。

曆野獲編補遺》卷三《元夕放燈》中詳記京師北京自永樂建都至萬曆年間上元日氣象。

江西的元宵也是一年中最熱鬧的節日。如南安府，自十一夕至十五，作燈市。十五日，採松柏葉竹枝結棚，下綴以燈，皆彩繪刻飾人物故事，懸剪紙人馬於傍，以火運之，曰「走馬」。燈又縛竹糊紙為鰲山，簫鼓喧鬧，或放謎燈，題寫經書典故、鳥獸草木等，作詩詞粘於方紙燈籠謎中，喝彩揭之，名曰「打燈謎」。人們著裝鮮麗，羅綺金翠，絡繹不絕，以致官府有弛禁城門之舉。十六日繪紙船送江焚燒，曰「送船」，以禳一歲之災。[16]該府南康縣在上元前數日，各家及城市懸燈為樂，燈或剪紙及竹絲為之，元夕尤盛。元宵日，「同裡巷之人祀土神為社，因繪紙為船，曰禳災。宰肉聚飲盡其歡」[17]費元祿描寫鉛山河口鎮元夕景象：「園林亭榭秀甲一時，每花時春事，元夕燈棚，歌聲伎館，鐘鼓絲竹，千家嘹亮，士女雲集，斗雞蹴踘，白打樗蒲，賞心樂事，技藝雜沓。」[18]建昌府元宵燈市的盛況是：

以篷箬結棚通衢作燈市，游人往來達曙，燈有鰲山、繡球、走馬、窠菜等名，皆刻飾楮帛或琉璃竹絲菩提葉等為之，四周懸帶尤極精麗，往時有張一燈費一金者。南豐縣裝成大架，肩輿而

16　嘉靖《南安府志》卷一○《禮樂志》。
17　嘉靖《南康縣誌》卷一《風俗》。
18　費元祿・《晁采館清課》，《四庫全書存目叢書》子部第一一八冊。

迎之,費尤甚。故家子弟稍知書者作燈謎。沿街煙火……至藥發,光怪百出,若龍蛇飛走、簾幕、星斗、人物、花果之類,粲然若神。

編修方志的地方紳士感嘆道:「若是景象,吾猶見之而今無矣,民財可知。」[19]其屬新城縣上元節自初十夜起,城市人家皆搭棚橫跨街上,明燈徹夜而作樂以賞之,至十五夜止,過十六後則謂之「殘燈」[20]。南昌府寧州的元宵景象是:「妝扮男女各樣故事,以奇巧相競,鰲山結彩,鑼鼓喧闐,遍游街市,以為盛事。」[21]

除了觀燈以外,宮中、民間皆製元宵或湯圓以食。此外,有走百病的習俗。十六日,民間婦女紛紛出家門,結伴而行,「前令人持一香辟人,名曰走百病。凡有橋之所,三五相率一過,取度厄之意,或云終歲令無百病」[22]。廣信府亦然,如鉛山縣元夕,「張燈城中為盛,越明夕男婦相率夜行,謂之『走百病』」[23]。

清明 二十四節氣之一,公歷在每年四月五日前後,農曆則在每年的二月中旬到三月上旬,其早與晚,則與立春的早晚和閏

19　正德《建昌府志》卷三《風俗》。
20　正德《新城縣誌》卷一《地理·風俗》。
21　嘉靖《寧州志》卷一三《風俗》。
22　沈榜:《宛署雜記》卷一七《民風》。
23　嘉靖《鉛山縣誌》卷二《風俗》。

月有關。寒食節在清明的前一天，本有插柳、蕩秋千、放風箏等活動，由於這些活動後來延續到清明，久而久之，清明與寒食已沒有區別。於是清明既是節氣，又是節日，寒食則漸漸被人遺忘。

清明一到，氣溫升高，雨量增多，正是春耕春種的大好時節，故有「清明前後，種瓜點豆」的農諺，可見這個節氣與農業生產有著密切的關系。清明節是我國最重要的傳統祭祀節日，是祭祖和掃墓的日子。清明又是春光明媚草木吐綠的時節，也正是人們春游（踏青）的好時候，所以古人有清明踏青，並開展一系列體育活動的習俗。清明節的習俗是豐富有趣的，除了講究祭祖、掃墓、插柳，還有踏青、蕩秋千、蹴鞠、打馬球等一系列體育活動。因此，這個節日中既有祭掃新墳、生別死離的悲酸淚，又有踏青游玩的歡笑聲。

江西民間清明日，各家門上插柳，頭上簪柳，攜帶酒食掃墓，祭後擇風景佳處享用祭物。南安府各屬寒食日，「作青精飯為食，或以相饋」。清明日遍插柳於門，前往掃墓，修理松楸，剪除荊棘，「祭日男女皆往，備載酒肴牲儀聚親朋以祭，祭畢會宴」。先後幾日聽其便，皆為清明之舉。[24]南康縣於清明日祭先於祠，復以醴饌拜於墓，標以紙錢曰「醮墓」[25]。建昌府清明插柳辟邪、掃墓，還有「標墳」的說法，即「以竹懸紙錢而插

24　嘉靖《南安府志》卷一〇《禮樂志》。
25　嘉靖《南康縣誌》卷一《風俗》。

之」[26]。新城縣在寒食日，「人爭持羊承酒走先人冢，覆土掛錢，以豐潔為雅尚，即賤人走隸不廢也」[27]。於清明日皆具牲體祭墓，插柳枝於門之兩旁，男女亦各簪一枝於首，謂之「辟邪」[28]。

明代江西春季較重要的節令還有正月下旬或二月上旬的「起學」（或稱集學），以及驚蟄始浸種、做春社（春祈）等。如南安府各地元宵過後擇吉日，父兄各以童蒙就外傅，曰「起學」。新城縣，二月初旬，訪都人之有子弟者相與延師於裡塾，教儀詩書。[29]建昌府於驚蟄日，將少許石灰置於柱下或牆腳，以使不生蟲蟻。[30]南安二月初，「以驚蟄為始浸谷，上戊日祭社祈谷」。[31]瑞州府二月初做春社，祀土谷之神後乃浸種。[32]南康縣「二月農夫糞其田，驚蟄始浸谷，上戊日祭社以致春祈」。[33]

二　夏季

農歷四、五、六月為夏季，江西在夏季的主要節令有浴佛節、端午節、六月六等。

26　正德《建昌府志》卷三《風俗》。
27　乾隆《新城縣誌》卷七《崇尚》。
28　正德《新城縣誌》卷一《地理・風俗》。
29　正德《新城縣誌》卷一《地理・風俗》。
30　正德《建昌府志》卷三《風俗》。
31　嘉靖《南安府志》卷一〇《禮樂志》。
32　正德《瑞州府志》卷一《地理志・風俗》。
33　嘉靖《南康縣誌》卷一《風俗》。

　　浴佛節　浴佛節又名佛誕節、龍華會，在農曆四月初八，佛教稱這天是佛祖釋迦牟尼的生日。它是佛教傳入中國後興起的宗教節日，但是又有中國傳統文化的特點，其中的浴佛、齋會、結緣、放生和求子在相當一段時間裡廣為流行。四月初八雖為浴佛節，但是人們總是把自己的願望表現在節日的活動中，這其實早已世俗化，求子就是一個突出的例子。建昌府的浴佛節，成了本地婦女的節日，「浮屠作浴佛會，有烏桐飯、香水，先時婦女往觀之」[34]。浮梁縣四月八日則「饋遺浮屠」。鉛山縣於這一天取木葉黑汁漬米和砂，姻戚互相饋送。[35]明中後期，江西有些地方的官員認為浴佛節不合儒家傳統，且有傷風化，對此風俗加以禁止。如南安府，「四月八日浮屠氏習荊楚歲事，以香水浴釋迦太子佛，為龍華會，愚者亦間從之，近日漸革」[36]；瑞州府「四月七日慶城隍，八日浴佛，至者塞途，今皆有禁。」[37]

　　端午節　端午節在農曆五月初五，這是仲夏的第一個「午日」，也是我國農曆三大節之一。端午節還有許多別稱，如：午日節、重五節、五月節、浴蘭節、女兒節、天中節、地臘、詩人節、龍日等。雖然名稱不同，但總體上來說，南北各地過節的習俗還是大同小異。民諺說：「清明插柳，端午插艾」。每到這一天，家家戶戶都以菖蒲、艾葉、榴花、蒜頭、龍船花等，製成人

34　正德《建昌府志》卷三《風俗》。
35　嘉靖《鉛山縣誌》卷二《風俗》。
36　嘉靖《南安府志》卷一〇《禮樂志》。
37　正德《瑞州府志》卷一《地理志・風俗》。

形，稱為艾人。將艾葉懸於堂中，剪為虎形或剪彩為小虎，貼以
艾葉，婦人爭相佩戴，以辟邪驅瘴。又用菖蒲作劍，插於門楣，
說是有驅魔祛鬼之神效。吃粽子（又叫「角黍」），飲雄黃酒，
游百病，佩香囊等都是端午節的主要內容，而賽龍舟則是最重要
的節慶活動。浮梁縣端午懸艾於門，競渡龍舟；寧州端午為龍舟
角力之戲；瑞州端午插艾，食粽子，飲菖蒲酒，劃龍舟競渡。南
安五月五日，以「角黍相饋送，涂雄黃，飲菖陽酒，懸艾於門，
兒女輩又雜取佩之以辟邪」。而且，「里人造龍舟競渡，奪標取
勝，兩岸聚觀如堵」[38]。建昌府過端午節，也是插艾、菖蒲，飲
雄黃酒。小孩則頸項系百索（五色線），謂能辟邪；用百草水洗
澡謂「不生疥」，觀看競渡有人持酒肉犒勞，謂之「賞標」。[39]南
康縣，端午「插艾於戶，飲雄黃菖蒲酒以辟毒。饋角黍相饋。市
人或伐木為船，群聚競戲於江」[40]。

　　但是，從治安的角度來說，地方政府及紳士又往往將龍舟競
渡視為陋習，原因是時常發生爭端乃至械斗。新城縣過端午，
「先數日用箬葉裹米為粽，祭先。是日插菖蒲、艾於戶，飲菖蒲
酒，」，各鄉村造龍舟競渡，發生爭端，以致有毆傷溺水者。官
方遂加以禁止，但風氣使然，「雖有禁而人心不能禁」[41]。清康

38　康熙《浮梁縣誌》卷一《輿地・風俗》、嘉靖《寧州志》卷一三《風
　　俗》、正德《瑞州府志》卷一《地理志・風俗》、嘉靖《南安府志》卷
　　一○《禮樂志》。
39　正德《建昌府志》卷三《風俗》。
40　嘉靖《南康縣誌》卷一《風俗》。
41　正德《新城縣誌》卷一《地理・風俗》。

熙二十一年纂修的《金溪縣志》引明代嘉靖志說：上元迎燈，端午龍船競渡，造作工巧，大傷民財，且有因而爭鬥往往致死者，俗以此三事可以祛疫，故竭力為之。嘉靖五年邑令林初曾下令禁絕，其風稍殺云。[42]在鉛山，地方官員也禁止民間端午競渡。正德三年，南康縣民吳登顯等三家因為賽龍舟而招致大禍。《明武宗實錄》載：

正德三年六月癸未，籍江西南康縣民吳登顯等三家。先是設立西廠，令太監谷大用領之，分遣邏卒四出，刺民間陰事。登顯等遇端午為競渡之戲，蓋江南舊俗也。邏卒歸報，以為擅造龍舟，遂罹此禍。自是四方傳聞，遠近大怖，偏州下邑，見有華衣怒馬作京師語音者，輒相驚告，踧踖有司，聞風密賂之，冀免奇禍。亦有無賴子虛喝以售奸獲利者。天下皆重足屏息，囂然喪其樂生之心矣。[43]

其實，任何民間活動都有一定的風險性，關鍵在於是否管理得當、因勢利導。官府為圖省事，動輒禁止，反而弊病叢生。

六月六。農曆六月初六，相傳是佛祖釋迦牟尼曬經的日子，故民間認為這一天曬的東西易於保存。民謠云：「六月六，曬衣服。」是日，京師內府皇史宬古今通集庫、鑾駕庫曬晾書籍、衣

---

42 康熙《金溪縣誌》卷一《風俗志》。
43 《明武宗實錄》卷三九，正德三年六月癸未。

物等;宮眷內臣吃過水面、「銀苗菜」(嫩藕秧),儲水製曲、醬;錦衣衛馴象所牽象到城外洗浴,兩岸圍觀者數萬人,「面首如鱗次貝編焉」[44]。江西萬載六月六日「烘黴曬服」。建昌在六月六日不僅曬衣,且興「食雞粥」,「謂能補陽」[45]。

三 秋季

農曆七、八、九月為秋季,主要節令有七夕、中秋、重陽等。

七夕 也稱「乞巧節」或「女兒節」,時在農曆七月初七晚。七夕節最普遍的習俗,就是婦女們在七月初七的夜晚進行的各種乞巧活動。乞巧的方式大多是姑娘們穿針引線驗巧,做些小物品賽巧,擺上些瓜果乞巧,各個地區的乞巧方式不盡相同,各有趣味。明代,宮眷內臣穿鵲橋補子蟒衣,宮中設乞巧仙子,兵仗局伺候乞七針,宮女穿針乞巧。江西民間,婦女乞巧,「各備酒果懸箕於桌上、星月下,羅拜請畫諸品花樣,謂之乞巧。又以線刺針孔,中者云得巧」。[46]或女人陳瓜果,結彩縷,穿針拜庭下以乞巧。[47]

中元 農曆七月十五日。道觀是日舉行齋醮,佛教則稱此日

44　劉侗:《帝京贅物略》,卷二《城東內外》。
45　正德《建昌府志》卷三《風俗》。
46　嘉靖《南安府志》卷一〇《禮樂志》。
47　康熙《浮梁縣誌》卷一《輿地·風俗》。

為盂蘭盆節（簡稱盂蘭節）[48]，寺院舉行法會，薦祭亡靈。江西建昌府中元節「俗為鬼節，多設齋僧會薦亡，曰盂蘭會」[49]。在鉛山縣，中元祭先肴饌葷齋相半，或葷齋分夜兩祭。[50]上猶，七月望日，或亦行俗禮「燒衣」。南安縣民間，「中元以楮為衣，拜獻於先祖焚之，仍合族祭於祠，亦有用浮屠氏為追薦者。」新城縣俗以七月十五日為中元，以錫箔紙糊為金銀，以彩色紙糊為衣服，「至期侑以酒肴薦諸祖先」[51]。在南安府，七月十五日僧舍多營齋供薦亡，作盂蘭會超度亡靈，百姓人家則「用彩色紙糊為冠履衣裾，剪制金銀為首飾帶錠之類，備牲醴祀祖先」，之後焚燒。如是新喪者，後人還要繼以哭泣。[52]

中秋　農曆八月十五日，又稱團圓節。明代，宮中自初一日即有賣月餅者，宮眷內臣以月餅、西瓜、藕等互相饋遺；十五日，宮內供奉月餅、瓜果，待月上焚香拜祭；祭畢分而食之，並吃螃蟹，蘸醋、蒜佐酒，飲蘇葉湯，「多竟夜始散席」[53]。民間各家也以月餅、瓜果等祭月，祭畢全家團坐共食之，或饋贈親友。婦女有回娘家者，此日必返夫家團圓，一家人月下飲酒吃月餅，稱賞月或玩月。江西各地也如此，浮梁縣中秋賞月，南康縣

48　盂蘭盆，華梵兼稱，是「Ullabana」的音譯略詞，「盂蘭是西域之語，此雲倒懸。盆乃東夏之音，仍為救器，若隨方俗，應曰救倒懸盆」。
49　正德《建昌府志》卷三・《風俗》。
50　嘉靖《鉛山縣誌》卷二《風俗》。
51　正德《新城縣誌》卷一《地理・風俗》。
52　嘉靖《南安府志》卷一〇《禮樂志》。
53　劉若愚：《酌中志》卷二〇《飲食好尚紀略》。

中秋「設酒對月」，建昌府中秋夜「登樓玩月，多用西瓜、團餅」。新城則有些特別，迎燈於市，如同元宵。[54]婦女通過拜月卜吉凶，南安婦女於中秋夜仍設酒果懸箕以卜休咎，謂之「祀月姑」。

立秋 二十四節氣中的第十三個節氣，也是農家重視的大節氣。古人早有立秋迎秋之俗。明代江西南康縣立秋日有「禳災」的習俗，「立秋日聚眾作木船以香楮送於江，亦曰『禳災』，仍豐其酒食聚而罷」[55]。南安府，立秋日「閭巷咸具妝飾，爭奇競侈」，為故事如《十八學士》、《明皇游月宮》之類，「冠服盡羅綺，簪佩盡金寶」，遍游街市為「迎秋會」，熱鬧非凡。[56]

重陽 農曆九月初九。金秋送爽，丹桂飄香，重陽節活動豐富，情趣盎然，有登高、賞菊、喝菊花酒、吃重陽糕、插茱萸等。明代，江西民間多用米粉蒸糕，染以五色，或插上菊花、彩紙花等，成花糕以食，或互相饋贈，有的還拿到集市出售。人們帶酒具、食盒登高，飲茱萸酒或菊酒。南康縣重陽日，人們「登高玩菊佩萸，隨其所適」[57]。建昌府，值九月九日，民間用百果及肉雜米粉蒸菊花糕，老幼皆登南城鳳凰岡，仿古人登高避難之意。[58]在南安，九月九日，以麥為糕相饋送，富者則設宴會，士

54　正德《建昌府志》卷三《風俗》。
55　嘉靖《南康縣誌》卷一《風俗》。
56　嘉靖《南安府志》卷一〇《禮樂志》。
57　嘉靖《南康縣誌》卷一《風俗》。
58　正德《建昌府志》卷三《風俗》。

大夫攜酒登高為樂。兒童夜晚則各執木棒擊之,以驅狐狸,名曰「禳災」[59]。新城人最重重陽節。自九月初一日起,皆設席宴會親賓,「又和麥面及米粉與果實相間為糕,其親賓尤厚者既燕復以此糕及糖魚相饋遺」。至初九日則飲茱萸酒,男女老少俱插一株茱萸,謂可辟惡氣。[60]

四 冬季

農曆十、十一、十二月為冬季,主要節令有十月一、冬至、祭灶日、除夕等。

十月一 古人以之為冬季之始,從此天氣變冷。在明代,這是頒布來年曆法的日子。民間,各家上墳祭先,送寒衣,「坊民刻板為男女衣狀,飾文五色,印以出售。農民竟以是月初一日鬻去,焚之祖考」[61]。倘若新喪,則用白紙為衣,「曰新鬼不收衣彩也」[62]。在江西寧州,農民對此極為重視,「十月朔日田家飯牛,用餐果禧祀牛祖」。建昌府民間,十月一日於先人墳墓前燒化衣物,謂之「送寒衣」,人家開爐燒茶為會。[63]

冬至 俗稱「冬節」、「長至節」、「亞歲」等,是中國農曆中一個非常重要的節氣,也是一個重要的傳統節日。民間有「冷

---

59 嘉靖《南安府志》卷一〇《禮樂志》。

60 正德《新城縣誌》卷一《地理・風俗》。

61 沈榜・《宛署雜記》卷一七《民風一》。

62 劉侗・《帝京景物略》卷二《城東內外》。

63 正德《建昌府志》卷三《風俗》。

在三九，熱在三伏」的說法。明代，京中百官戴暖耳入朝賀冬，吉服三日，具紅箋互拜，所謂「朱衣交於衢」，「一如元旦」[64]。各地民間，官僚、士大夫、親友、近鄰互相賀拜，薦先祭祖，儀如元旦。在江西南安、建昌府等地，正德、嘉靖年間冬至節還沒有在民間廣泛流行，只在士大夫當中舉行。南安，「冬至為士夫行慶賀禮，鄉市人不然」；建昌，「冬至，人初不為重，近時士夫家行祀先禮，人漸效之」[65]。鉛山縣也是「禮重歲首而輕冬至」。相比之下，南康、新城、寧州等地則更為重視。南康縣，「冬至祭先於祠，醮墓如清明」；新城縣，冬至「陳牲醴薦祖先」；寧州，「長至聚食於家，謂之『冬飯』」。而瑞州值冬至日，「郡城如度歲然，交相拜賀」[66]。

　　祭灶日　農曆臘月二十三日或二十四日。中國春節，一般是從祭灶揭開序幕的，因此民間俗稱臘月二十三日或二十四日為「過小年」，亦稱小年、小年下、小年節等。江西民間，一般以臘月二十四日為過小年、祀灶神。瑞州，臘月二十四日俗呼為「小年」。南康縣，「歲臘二十四日掃舍宇，始隨宜具年節及杵米為粢粑相饋。是夜祀灶」[67]。寧州這一天還有祭祖的風俗，「臘月二十四日名『小除』，晦日名『大除』，皆設祭於家廟」[68]。南

64　劉侗・《帝京景物略》卷二《城東內外》。
65　嘉靖《南安府志》卷一〇《禮樂志》、正德《建昌府志》卷三《風俗》。
66　正德《瑞州府志》卷一《地理志・風俗》。
67　嘉靖《南康縣誌》卷一《風俗》。
68　嘉靖《寧州志》卷一三《風俗》。

安府各地，臘月二十四日，潔掃舍宇以塵穢置之遠方，夜祀灶，設酒果用糖為薦，俗謂灶神。[69]建昌府民間，臘月祀灶，用粉團糖餅，謂灶神朝天言人家過失，用糖取膠牙之意。掃屋塵，名「除殘」。小兒輩則帶面具戲舞於市，似古儺禮。[70]

除夕　俗稱「大年三十」，農曆一年的最後一天。除夕和春節相連，風俗內容有別而相連繫。除夕主題是除舊布新，團圓喜慶。主要習俗活動有祭祖拜神、貼春聯、圍爐、守歲、辭歲等。明代，江西有些地方年前有「送年」的習俗，至除夕日各家皆祭祀祖先，換門神、桃符、貼春聯，燃放爆竹，吃年夜飯，或圍爐團坐，竟夜不寐，稱為「守歲」。守至深夜子正零時之際，家家戶戶鞭炮齊鳴，點燈籠上香，迎新迎福，跨進新年，稱為「辭歲」。南康，除夕則換桃符，寫春帖，「懸先世遺像於堂，薦之醴饌時物，既而燒爆竹，動鼓吹合，長幼團圞宴飲，曰守歲」[71]。浮梁，除夕守歲，燃燈爆竹以為樂。新城，歲將盡數日，親朋好友以酒果之類互相饋遺，「以為迎新聚飲之儲」。除夕則換桃符，夜放火爆，滿室點燈，或飲酒或不寐守歲。[72]瑞州，「年賒，親友相遺曰『送年』，母女相遺曰『邐年』」。歲除，祭祖祀神，掃屋迎新，粘春對張門神。南安，除夕日「出數世遺像設寢堂，午後具祭品為祀」。男女盛酒饌為長者祝賀一歲平

69　嘉靖《南安府志》卷一〇《禮樂志》。
70　正德《建昌府志》卷三《風俗》。
71　嘉靖《南康縣誌》卷一《風俗》。
72　正德《新城縣誌》卷一《地理‧風俗》。

安、健康高壽，小孩則因又長了一歲而歡喜。又「杵黍為餈粑，亦相饋送」。易門神，換桃符，更春帖，掛紙幣於門，至夜各室燃燈焚香，放爆竹，舉家坐守不寐，謂「守歲」[73]。建昌，歲除日換桃符春帖，夜則爆竹於庭；「列炭數行，燒辟瘟丹」，圍爐守歲。[74]守至深夜子時之際，家家戶戶鞭炮齊鳴，點燈籠上香，迎新迎福，跨進新年，稱為「辭歲」。辭歲結束後，除夕節日禮儀活動的大幕才算是徐徐落下，人們興致勃勃、喜氣洋洋地又投身到慶祝「農曆新年」──春節的節日活動中去了。

第二節 ▶ 冠婚喪祭

一　冠服

在古代中國，作為規範人們行為的「禮」也包括服飾，所以如何穿著，本身就體現著「禮」。它是一種身份地位的象徵，是一種符號，代表著尊卑貴賤，有其固有的制度和習俗。

明朝推翻元朝統治後，下令禁「胡服」，「車服尚質」，參酌漢、唐之制，頒行遵守。[75]

為了維護等級制度，明政府嚴令官民不得違反規定而服。實

73　嘉靖《南安府志》卷一〇《禮樂志》。
74　正德《建昌府志》卷三《風俗》。
75　《明史》卷六五《輿服志一》。

際上，服飾逾制的現象從明初已經開始出現，明中期以後，這種現象更加廣泛。萬曆時張瀚就說：「國朝士女服飾皆有定制，洪武時律令嚴明，人遵畫一之法。代變風移，人皆志於尊崇富侈，不復知有明禁，群相蹈之」，「今男子服錦綺，女子飾金珠，是以僭擬無涯，逾國家之禁也」[76]。到了明末，士庶冠服呈現了多樣、多變的風貌，服飾逾越等級制度的情形更甚，團龍、立龍等紋飾已成為普通百姓常用的花紋，甚至樂人也仿效士大夫在服飾上飾以禽鳥，倡優滿頭珠翠，隸卒腳登雲頭鞋，「人不以為異」[77]。

與服飾逾制不同的是，明初的冠禮則因其程序繁多、費用過大而漸趨廢棄。洪武元年定冠禮，雖然「下及庶人，纖悉備具」，但「自品官而降，鮮有能行之者」。南康縣嘉靖年間冠禮行朱子家禮，但當地士紳都認為「舉筵連日，似為太費」[78]。

至明中期，江西的一些偏遠地區如贛西北寧州，贛西南南安、贛東北鉛山等府州縣還在實行明初的冠禮，或服飾的變化不大。嘉靖時寧州士大夫家，「冠婚喪祭悉行文公家禮」。嘉靖十五年《南安府志》卷一〇《禮樂志》記當地民間禮儀中的冠禮：

凡冠具古儀禮。朱文正家禮、丘文莊公家禮，儀節甚備。南

76　張澗・《松窗夢語》，卷七《風俗紀》。
77　萬曆《通州志》卷二《風俗》。
78　嘉靖《南康縣誌》卷一《風俗》。

康士庶、大庾大夫士家多習而行。上猶近日尚禮，士庶家亦間行之。崇義行者尚少，其不行冠禮者惟擇吉日，男子坐中室，不設位，不戒賓，不擇贊，不具冠服，父兄以小帽加首，親友略舉禮賀，富者具鼓樂，飲燕而罷。貧朴者亦不舉賀，於禮尤簡略。

鉛山縣「舊時男帽有桃尖墩子平等諸樣，女髻矮蹲如拳，續高幾尺而銳。男衣下高及腦，女衣上長過膝」。弘治末年以來，「稍得中帽、穹窿，髻五寸為度，衣各齊腰，率用布，素無文采侈靡之飾，有不識珠玉為何物者」。即使是富人，乘車步行甚至會見賓客，也只是青鞋布襪，「靴用牛革而已」[79]。

但大多數地方隨著社會經濟的發展，服飾形式多樣，甚至有模仿與僭越之風。這種變化在士大夫看來則是漸趨奢靡，世風日下。萬曆年間南昌萬廷言寫道：「國初民俗尤為近古。親黨有謁，手單布深衣革履，道路間不敢服，及門服以謁，謁罷持歸，故或終身不易衣履……故吾鄉非獨形勝據東南總會，而俗化風標，蓋自古為西江冠首焉。惟是靡習藥自濠藩，浸淫閭巷，冠裳燕會之侈，頓非其舊。」[80]新城縣士紳家冠婚喪祭皆遵守明初禮制，正德年間「漸起奢靡」，至隆慶時「服飾、器用、燕會日向奢靡，犯分耗材，無復顧忌，則漸於南城也」。這種風氣隨著王朝的更替並未消失，清乾隆年間的地方士紳感嘆道：「邑俗自前

明中葉以至末造，澆漓日甚，民用不古，迄昭代與之更始，俗雖漸變，然餘波未竭。前志所書諸弊端，尚有仍者，移而易之，其淪肌浹髓之效與？」[81]吉安府嘉靖中期「中古之醇風猶存一二」，至萬曆時則「文稀有餘，質厚不足。羨慕豐麗之習而恥其故常」[82]。東鄉縣「輿服稍從侈靡，棄堅務縷以相誇耀」[83]。康熙年間萬載縣的地方士紳面對清初戰亂後的蕭條景象，追憶昔日，不禁發出感慨：「在昔豪民擁厚貲，輒廣第宅，盛服飾，飲食奢侈，靡知樽節。今市井寥落，原野蕭條，即士夫子弟鮮用羅綺，衣冠朴素。」[84]贛東北廣信府地方也紛紛效仿南京、江南地區的豔麗服飾，「衣裳冠履之制，視諸京色而以時變易之」，「奢僭甚而犯禮多，渾朴消而殷富替」。其具體情形是：

　　成化前制式不一，大率惟弘治末得中如穿圓帽、平頭靴，衣折以腰為中，皆合象宜人，今猶用之。先是男子衣惟綢布土縑，富者間衣文綺，必襲以布，謂之「襯衣」，仕非達官員領不得輒用苧絲。女子服飾，視貧富以為豔朴，士人之妻非受封不得長衫束帶。

81　乾隆《新城縣誌》卷七《崇尚》。
82　萬曆《吉安府志》卷一一《風土志》。
83　康熙《東鄉縣誌》卷二《物俗志》。
84　康熙《萬載縣誌》卷三‧《風俗》。

至於冠禮，天順以前「猶備三加[85]，生員之冠多於學宮行之」，成化間漸漸廢除不用。[86]

　　建昌府從正統到弘治數十年間服飾、飲食風尚的變化很大。在天順、景泰以前，男子「窄簷高帽，衣腰中，裾幅周身，袖曲肱而已」；婦女「平髻，衫制古朴，婚會以長衣」。成化間「男飾或蓮子帽、桃尖帽、平頂帽，寬衣大袖，或腰及於膝，或近於胸，咸非中制」。正德時「稍稍復古，而侈婦飾僭擬妃嬪，娼優隸卒之婦亦有黃金橫帶者」。至於食物方面，「先時燕會果肴用大器，多不過五品，謂之『聚盤』，後用小盤至數十品，謂之『簇盤』」。正德時仿效京師，「雜陳奇品」。正所謂「服食之變可以觀俗也」！[87]這些習俗與風氣，本與整個社會經濟的發展相一致，卻為地方士紳所不能容忍。天啟《贛州府志》的編修者視此變化為「洪水猛獸」：

　　　乃今鑿朴為雕，易儉為侈，服飾器用，燕飲之浮薄，轉相慕效。而又不分貴賤，不論賢愚，戴方巾，被花繡，躡朱履，蓋裝銀頂，樂用銅鼓，犯上亡等，法制謂何？[88]

85　三加，冠禮，初加細布冠，次加皮弁，再加爵弁。
86　嘉靖《廣信府志》卷一《地輿志・風俗》、嘉靖《永豐縣誌》卷二《風俗》。
87　正德《建昌府志》卷三《風俗》。
88　天啟《贛州府志》卷三《輿地志・土俗》。

二 婚姻

像服飾禮儀一樣，明朝對婚姻禮儀也規定得具體、繁瑣而嚴格。雖然明政府對各色人等的婚姻禮儀做了嚴格規定，但江西民間的婚姻也只是在原則上受禮的制約，並沒有為這些規定所束縛，故婚姻習俗五花八門。

明代江西的婚姻禮俗兼用，既普遍遵循明初制定的禮儀，又根據具體情況加以變通。嘉靖十五年編修的《南安府志》對此記載頗為詳細，茲錄如下：

凡議婚，男女自幼從媒妁通名，取女氏庚帖送男氏推卜。既合，媒妁報吉，男氏擇日行定禮，用金銀、釵釧、果餅、鼓樂，送至女家。收納亦用金銀、簪佩、果餅從宜回答（尚朴者或貧者略用果餅定答從宜）。男女既長，將成婚數月前媒妁通言，擇吉日，男氏行聘禮，用金銀首飾、羅緞衣服、豬羊果餅牲酒（尚朴者、貧者有急事從宜聘答），鼓樂送至女氏。收納，禮相稱答。至成婚之期，女氏旦備奩儀，鼓樂送至男氏，男子昏時或質明行奠雁禮，至女氏親迎成婚。命醮參謁兼用禮俗。酒食燕會從宜豐儉。[89]

即使是在同一個府，各個縣的情況也還是存在差異：「此大庾、南康大夫士庶尚禮者所行也，上猶亦間行之，崇義尚寡行

89　嘉靖《南安府志》卷一〇《禮樂志》。

者。」

　　婚禮有嚴格遵行《朱子家禮》者，也有沿用俗禮甚至違禮者。南康縣「多用家禮，納采納幣，親迎如儀」，但「城中行聘在成婚之時，近者初議婚酒席煩瑣可厭；各鄉則於初議婚媒妁報吉遂擇日行聘，其諸俗習違禮」[90]。正德時期建昌府「多沿俗禮，冠不備三加，婚不親迎」。嘉靖時鉛山縣已「廢禮」，「婚不親迎」[91]。上猶縣婚禮行三禮，俗稱「報好」、「下定」等。成婚後新婿詣婦翁家，俗云「上門」[92]。

　　鄧元錫說嘉靖、萬曆間新城的情況：「婚嫁重閥閱，視名行相配。資送質厚無綺文，女婦無觀游，終歲處閨閣，非牙媒途坎無士女也。」[93]南安府大庾縣，「重閥閱，不擇貧富，不論財多寡，不責妝奩厚薄」。

　　重財禮是明人婚姻更為突出的特點。如果說講究門第體現了婚姻較濃的政治色彩的話，那麼重財禮則更多地表現出了婚姻隨著社會經濟的發展和社會財富的積累而「與時俱進」的經濟色彩。明初，民間婚姻即有「專論聘財，習染奢侈」的現象，故洪武五年政府頒行儀制，令「務從節儉，以厚風俗」[94]。雖「其時品節詳明，皆有限制」，但禁令並未生效，「克遵者鮮」。明中葉

90　嘉靖《南安府志》卷一〇《禮樂志》。
91　正德《建昌府志》卷三《風俗》。
92　康熙《上猶縣誌》卷五《禮樂志・風俗附》。
93　乾隆《新城縣誌》卷七《崇尚》。
94　《明史》卷五五《禮志九》。

以後，社會皆以豪奢為時尚，婚姻重財禮之風更盛。這種習俗在一定程度上也促成和助長了溺女之風。萬曆時期吉安府「婚聘至較金多寡，娶則計妝厚薄」，以婚姻為市場，「乃至男女婚媾失期，甚則生女必殺之」[95]。上猶縣貴男賤女，德安縣婚姻論財，彭澤縣「婚姻論財，多不育女」[96]。浮梁縣「婚計資送，多溺女」。豐城縣的溺女陋習由來已久，地方士紳認為原因在於女方父母害怕負擔豐厚的嫁妝，「度其心不過慮婚費之難供也」。嘉靖時期地方官員雖作歌以禁溺女，但似乎收效甚微。[97]南康縣，「用銀折充奩儀，以省浮費，其數以多為尚」。因此「富家育女不過一二，男子必與奩儀相稱」。雖然有些地區如大庾縣的一些人家婚姻更注重門第而不擇貧富、不計較聘禮多寡與嫁妝厚薄，但這並不是普遍現象，更多的還是「屑屑相較」。在上猶縣，即使議婚已定，稍有不合，雖臨婚亦忿爭悔退。至於寡婦改嫁，「翁家多受財物」，南康為甚。[98]至於嫁娶時間，大多選在冬季，建昌府則選在二月十五日花朝（節），「人家多行婚禮」[99]。

　　與婚姻習俗有關的明代婦女貞節觀，也需一提。明代對婦女貞節的要求進一步加強，民間也把女子的貞操看得很重。與重視女子貞操相一致，明代對寡婦守節採取獎勵政策。洪武元年，明

95　萬曆《吉安府志》卷一一《風土志》。
96　嘉靖《九江府志》卷一《方輿志・風俗》。
97　嘉靖《豐乘》卷三《風俗志》。
98　嘉靖《南安府志》卷一〇《禮樂志》。
99　正德《建昌府志》卷三《風俗》。

太祖曾下過一個詔令：民間寡婦，三十以前夫亡守制，五十以後不改節者，旌表門閭，除免本家差役。[100]既然寡婦守節不但本身可以記其事跡，賜於祠祀、樹坊表，表彰節婦烈婦，而且可以免除本家的差役，又有哪個女子能不守節、哪個家庭或家族能不勸導寡婦守節？一時守節風盛，空前絕後，大量的貞節牌坊就是從明代開始樹立的。在政府的提倡和獎勵下：「乃至僻壤下戶之女，亦能以貞白自砥。其著於實錄及郡邑志者，不下萬餘人，雖間有以文藝顯，要之節烈為多」[101]。二十四史中，節烈婦女最多的，莫過於《明史》了。元代以前，每部正史收錄的節烈女子至多不過六十人，而明初修《元史》，收一八七人。明代節烈女子見於記載者不下萬餘人，《明史·烈女傳》收其尤者三百餘人，其中有江西九江人「黑頭節婦」歐陽氏。歐陽氏年方十八丈夫身亡，「撫遺腹子，紡績為生」。由於父母逼迫再嫁，她用針在其額頭刺「誓死守節」四字，並塗上墨水，四字深入膚裡，人們都稱為「黑頭節婦」[102]。現存各種明代的江西方志都會專門設「列女」（或名「貞烈」、「貞節」等）一門，以表彰貞節之婦。貞節觀的變化，既反映了明代在婚姻方面對婦女歧視的加重，也是傳統禮教對婦女摧殘和束縛的深化。

100 《明會典》卷七九《旌表門》。
101 《明史》卷三〇一《列女傳一》。
102 《明史》卷三〇二《列女傳二》。

三　喪葬

明初立國，在整頓綱紀的理念下，推行教化，頒布一系列禮制，對喪葬的儀節、儀物加以規範。就像婚俗一樣，隨著社會經濟的發展，政府規定的喪葬禮儀也遭到不斷的衝擊和挑戰。最遲至成化年間，民間的喪葬習俗已不若明初那樣質樸簡約，漸多違禮。臨喪不哀、崇尚虛文、使用佛道儀式、鋪張奢侈，以及惑溺於風水葬師之言，已成為一種風氣。[103]王守仁在南贛巡撫任上倡導「南贛鄉約」，內有兩條：

> 男女長成，各宜及時嫁娶；往往女家責聘禮不充，男家責嫁妝不豐，遂致愆期。約長等其各省諭諸人，自今其稱家之有無，隨時婚嫁。
>
> 父母喪葬，衣衾棺槨，但盡誠孝，稱家有無而行。此外或大作佛事，或盛設宴樂，傾家費財，俱於死者無益。約長等其各省諭約內之人，一遵禮制。有仍蹈前非者，即與糾惡簿內書以不孝。[104]

前者說的是婚嫁的講究財禮，後者說的是喪葬競相奢侈，可見這種風氣在正德時已經十分嚴重，而且由來已久，根深蒂固。

---

103 參考何淑宜：《以禮化俗晚明士紳的喪俗改革思想及其實踐》，《新史學》（臺北）第十一卷第三期（2000年9月）。

104 王守仁：《王陽明全集》，卷一七《南贛鄉約》。

明代中後期以來，江西的喪葬習俗各地不盡相同，且處於變化之中。有循禮者，亦有違禮者；循禮之中有不循禮處，違禮者也遵循著某些禮儀。大體來說，士大夫循禮者多些，鄉間則多用俗禮。同時也各取所需，儒、佛、道的喪葬儀式並行不悖。嘉靖時鉛山縣風俗，「喪不尚靡，文士大夫家間行古禮，未能盡變也」[105]。寧州地處江湖交界，「俗多類楚，近世士大夫家冠婚喪祭悉行文公家禮，然城市村落之民猶多襲舊」[106]。九江府德化縣與湖口縣兩縣習俗，「舉葬娛屍數日」[107]。

作為普遍習俗，不少地方喪葬時請僧侶誦經禮懺，設壇作齋，為死者超度亡魂。各地方志多有類似記載：新城縣「或浮屠」，廣信府「喪事尚佛老」，所屬弋陽縣「迎神賽會喪祭多用浮屠」，寧州「治喪溺於浮屠」，建昌「喪事尚佛老，尤泥堪輿家學」，瑞昌、德安「舉葬娛屍作佛事」。這種情況經過一些地方官員的治理，效果各異。以經過王守仁治理後的贛州府各縣為例：雩都「喪不用浮屠」，信豐「俗尚浮華，疏於禮節」，安遠「婚姻苟且，喪祭疏略」，龍南「喪葬褒貨」，瑞金「疾病喪葬多崇巫佛」[108]。可見效果並不明顯。嘉靖中期，瑞金因「近被政教甄陶，稍識禮度」，地方紳士非常尊崇王陽明的教化，以為「習

105 嘉靖《鉛山縣誌》卷二《風俗》。
106 嘉靖《寧州志》卷一三《風俗》。
107 嘉靖《九江府志》卷一《方輿志·風俗》。
108 嘉靖《贛州府志》卷一《風俗》。

俗之變，存乎其人」。[109]南昌府則自嘉靖而至萬曆時期，風氣為之一變。嘉靖初王陽明提倡良知之學，有助於「一郡風教」，然「風教有隆替，而風俗因之」。民間本來「愛惜廉恥，畏法度」，「無敢公然酣飲、歌呼狂躁」，「今則不然」。學校本以禮讓相先而今少長無序，縉紳本為閭閻表率而今靡麗相高，每每崇富貴而羞貧賤，喜事功而黜恬退，「婚媾靡金幣，饋宴侈珍奇，居喪喧鼓吹而尚浮屠，疾病急符禱而忽醫藥」。世風日下，地方士紳喟嘆：「蚨蝝其習，陸梁其性者，如頹波下注匪堤，曷止哉？」[110]

風水（或稱堪輿）對明代江西民間的喪葬習俗有很大的影響。[111]浮梁縣，「喪不即葬，而以堪輿惑」。萬載縣，葬祭「惑溺風水，停延至歲月」。嘉靖時期豐城地方紳士嚴屬譴責當地的「暴喪」惡習：數十年不葬者有之，終身不葬者有之。死者以得土為安，暴露於外，人子何忍焉？[112]

有些地方的喪葬習俗具有特色。嘉靖時期南安府，「凡喪殮停柩，老者以歲，少者以月，擇地營葬。」除了大庾縣是這種情況之外，其余縣則停柩數年不葬。初喪，「為子但哭泣營殮，不行報訃，至親者聞而吊慰悲哀，疏者陸續吊問」。至於發引，富家裂帛張樂，男吊玄冠素衣，女吊盛飾，送殯親戚沿街祭奠，觀者塞途，熱鬧非凡。喪葬極重操辦，「喪家開宴酒筵待客，奢靡

---

109 嘉靖《瑞金縣誌》卷一《地輿類·風俗》。
110 萬曆《新修南昌府志》卷三《風土》。
111 對這一問題的論述，可與本章第三節互相參照。
112 嘉靖《豐乘》卷三《風俗志》。

相尚，惟南康為甚。上猶、崇義加以椎牛饗賓，侈費無節。大庾舊尚簡朴，蔬食待賓，惟用鼓樂侑吊送葬，非宜，邇年稍變，更相仿效，屠牛設酒，亦趨浮侈」。至於執禮相助，婦女非至親不吊，設祭者止於喪家行禮，不以扛送郊奠為盛。[113]南康縣，「凡初喪，為子但哭泣營殯，不行報訃，親友聞而吊慰。既卜葬裂帛張樂。至於送殯，親戚延街祭奠，觀者塞途裂帛。近雖稍變，但葬期太速，而停喪者又或至數年，甚而曠日彌久」[114]。上猶縣喪禮豐儉隨宜，「入棺後兒女哭踴，五服以次哭臨，親知陸續吊唁，主人朝夕哭饋」。出殯之日，親戚好友再來舉奠，名曰「奠別」。正德、嘉靖間，始有喪葬重操辦之風，「因喪延客甚侈，以椎牛殺牲多者為孝」。相信風水，「葬亦信巫相山所葬之山，冢疊疊以百十計，亦有一山而數姓同葬者」[115]。

面對民間喪葬習俗的違禮與奢僭，懷抱經世之志的官員與士紳不只是停留於批評和譴責，同時積極從事革除喪俗弊端的改革。其中家族、鄉約等組織在當時尤其擔負喪俗改革的重任，地方官員和士紳利用這些組織規勸、禁止民間違禮的喪俗，宣導儒家正統的喪禮。地方官借助鄉約進行移風易俗，以王陽明的《南贛鄉約》最為著名。詳見本書第六章第二節，此處不贅述，只舉一例說明士紳如何在宗族內推行他們的理念，進行喪葬習俗的改

113 嘉靖《南安府志》卷一〇《禮樂志》。
114 嘉靖《南康縣誌》卷一《風俗》。
115 康熙《上猶縣誌》卷五《禮樂志・風俗附》。

革。

萬曆二十三年五月，儒生劉孔當首次在家鄉安福縣聚合族眾舉行家會。家會固定每月中旬舉行一次，由族中各支派輪流負責，參加的成員限定為家庭族眾，不許異姓遠客參與，集會的場所則選定在各支派的小宗祠。與同時代其他宗族聚會不同的是，劉氏家會舉行的用意以「引誘長育為主」，並不在家會中懲過罰惡。家會進行的程序包括宣讀家約、朗誦小學經傳等。[116]劉孔當為使家訓的內容能真正被族眾所了解，進而以淺白的俗語改編家約，以「家約俗演」的方式在集會時宣講。劉氏家會的家約俗演包括十個條目，內容不只是道德的勸說，更加入了許多針對社會習俗的批評。如對道場，他說：

今人往往父母存日，一杯酒一片肉不肯把與父母吃，但要自家做家火；及至父母百年之後，請起和尚道師來家作道場追薦，打過鐃鈸，燒過香燭，以此為報本。不知如此報本，倒不如當初好生供養，豈不是父母實實落落受用的。[117]

對於久喪不葬的風氣，劉氏更是苦口婆心地力圖勸止：

父母不幸歿時，凡衣衾棺槨衬於身者，必誠必信，勿使有

---

116 劉孔當：《劉喜聞先生集》，卷一二《家會引》。
117 劉孔當·《劉喜聞先生集》，卷一二《家約俗演》。

悔。今人有父母臨死時，且不去打疊父母身上事，只是去與兄弟家人趁亂搶東搶西，甚至丟父母在床，過時尚不入殮，甚至身屍腐臭，此心何安？戒之戒之。

至於因信風水，致使父母遺體不得安寧，他更是嚴厲禁止：「至於父母之喪，酷信風水，以致盜葬非分，墳山播遷無定，禍敗相尋，皆宜痛戒。違者本祠重議責罰。」

在劉氏的家約俗演中到處可見對民間違禮的喪葬習尚的關切，以及希望導正這種風氣的意圖。他依循基本的儒家禮儀標準，以求改革整體的社會風俗。不過，他並不認為「禮」只存在於讀聖賢書的士人身上，只要適當引導，不識字的庶民大眾一樣可以有符合禮意的行為。

四　祭祀

祭神

洪武元年，朱元璋在「國之所重，莫先廟社」的指導思想下，改革舊的「胡制」，釐正祀典，命禮官及翰林、太常諸儒臣擬訂新的祭祀制度。列入祭祀對象的是名山大川、歷代聖帝明王、忠臣烈士以及有功於國家及惠愛黎民者，載入祀典，「令有司歲時致祭」。而圜丘（祭祀天）、方澤（祭祀地）、宗廟（祭祀祖宗）、社稷（祭祀土地、五谷）則為國之「大祀」，皇帝均須「親祀」。其後，又詔天下神祇，有功德於民，事跡昭著者，雖不致祭，禁人毀撤祠宇；並定諸神封號，凡後世溢美之稱皆革

去。天下神祠不應祀典者，即淫祠，有司不得致祭。[118]

　　對於地方官員而言，每年需要舉行的祭祀種類較多。如在南安府，有祭風雲、雷雨、山川、城隍，祭社稷壇，祭三賢、寓賢、名宦、鄉賢祠等官方規定的祭祀活動。但官方的這種儀式受條件的影響時斷時續。南安府雖「其祭樂器歷年舉行如式，缺則修補」，但「樂舞音容漸廢弗習」。弘治六年知府重加修葺，請南京太常寺道士教習樂舞。弘治十三年，大水把存放祭器、樂器的神庫浸毀，後雖祭器漸次修補，但樂器廢缺，「祀不稱典」。嘉靖三年知府補置音樂舞侑，命教職訓習如儀。[119]

　　明洪武年間推行的里社制度，要求全國每裡建一社壇，奉祀社稷之神，每年於二月和八月的第一個戊日舉行祭社儀式。與此同時，要求全國每里建一厲壇，奉祀無人祭拜的鬼神，每年舉行三次祭厲儀式。[120]除每年五次的祭社和祭厲活動之外，禁止民間的其他宗教活動。[121]

　　由此可見，在明代法定的民間祭祀制度中，只有裡社的祭祀活動是合法的，其他宗教活動都是非法的。事實上，明初規定的里社與鄉厲祭祀儀式，並未得到全面實行，或者不能持久，而民間傳統的宗教活動，也並未真正能夠禁止。

　　至嘉靖、萬曆時期，隨著里甲組織的破壞和解體，里社祭祀

---

118 《明史》卷五〇《禮制四》。
119 嘉靖《南安府志》卷一〇《禮樂志》。
120 萬曆《明會典》卷九四《禮部二》。
121 萬曆《明會典》卷一六五《律例六》。

也日益廢弛，江西許多地方由官方組織的祭社和祭厲活動已經廢止。如南康縣里社鄉厲久廢，其制蕩然無餘，「稍有里社，不過為醵飲浮靡之習，而厲祭則莫之見矣」。春、秋社祭還有所保留，不過已成為民眾聚宴娛樂的節日，幾乎不見官方的色彩了。各地的社稷壇、雲雷風雨山川壇、邑厲壇、裡社壇等，或俱廢，或「為民居所侵」**122**。有鑑於這種情況，南昌府決心恢復洪武舊制，頒布了《南昌府為申明鄉厲典禮議祭無祀鬼神事》。文中說：

> 一裡應各有鄉厲之祭，訪得鄉村都裡並未舉行，以致年荒多廢。且江右民風信巫尚鬼，其不當祭鬼神如信佛拈香、迎神賽會，無故費財瀆禮，而正經國典合祭鄉厲反皆不知，殊為可訝。除瀆禮之祭、邪巫僧道妄談福禍、煽惑妖言等項非法者，本府已經出示並通行所屬嚴禁外，所據鄉厲祭祀合遵舊制舉行。……庶國典不為虛文，怨鬼不致失所，而水旱災各其亦可免矣。**123**

雖然官方諭令各鄉村市鎮要遵舊制舉行鄉厲祭祀，但收效甚微，而民間各種與老百姓密切相關的宗教、祭祀活動則屢禁不止，甚至顯得十分活躍，呈現勃勃生機。

至遲在弘治初年，撫州地方官府已經對境內的淫祠欲禁不

---

122 嘉靖《南康縣誌》卷四《禮制》。
123 萬曆《新修南昌府志》卷二五《藝文》。

能，正如府志所說：「淫祠之盛，先儒皆以為政教不明而然。……郡境民祀，淫祠紛然，舊者不見革，新者復加崇，此則在下者之罪也。撫州五邑淫祠……不下千萬，今略書其所祀之神出處，使觀者不必惑而乞靈之，無益也。」[124] 修志者雖然深知這些神廟淫祠不符合官方的規定，但還是無可奈何地將它們記入方志當中。其屬金溪縣，「淫祠最盛，城市各鄉俱有」：每年五月至仲冬競舉神會、社火、迎賽，男女混雜，私宰、賭博、演戲等，「多則彌月，少亦兼旬，此村方罷，彼閭代興，傷財墮業，誨淫誨盜，莫此為甚」[125]。再如瑞州府，俗以上元日「舁佛出游，士民喧動，糜財幣不可勝計」[126]；三月二十九日郡城諸神迎入東岳廟享宴，所費甚多，遭官府禁止。玉皇、五通生日，市民邀僧道作齋醮，四月七日慶城隍，八日浴佛，至者塞途，皆有禁。還有俗稱「猖祭」的習俗，即「歲前後召師巫鳴鑼吹角以祀五通，跳舞猖狂」，由此得名。此外當地還有傀儡戲劇之一的「陽戲」，「民或從而神之，執而弄者曰『棚戲』，挈而弄者曰『提戲』，謂之『還願』」[127]。王陽明的弟子黃弘綱曾在其師的授意下，給雩都知縣上書，書中描述了雩都縣城天符聖誕會的熱鬧狂歡景象，並且要求禁止本縣的游神賽會等積弊陋習：

124 弘治《撫州府志》卷二六《神廟》。
125 康熙《金溪縣誌》卷一《風俗志》。
126 張萱・《西陽聞見錄》，卷一○六《毀淫祠》。
127 正德《瑞州府志》卷一《地理志・風俗》。

城中舉天符聖帝之會，通城有十一方，每方有會首幾人，勸緣幾人，造舟幾人，各執事又幾人，大都每方少者不下三四十人，多則過之，自來月十一日起至二十二三止，各用五色彩箋裝置樓船龍首燕尾，棟宇煥然。晡時合數十人共舉之游於市。燈燭輝煌，鼓吹喧闐，假禳災集福之名，唱競渡採蓮之曲，歡呼吶喊，達旦不休。奸淫偷盜肆行無忌，以攘奪為英雄，以斗狠為豪俊……（五月）十八日云是聖帝誕辰，先期迎神出游，巧扮人物，粉飾故事，逞豔斗麗，各極華美。導之以旌旄，擁之以奇異，鑼鼓之聲震動一邑，自東來者盡西而返，自南來者窮北而還。眾人聚觀道傍，無分老幼，接踵摩肩，充塞衢路，誠所謂一國之人皆若狂也。**128**

南昌府奉新縣又有所謂「樟柳神」者，假托「九天玄女」之術，俗名「耳報」。其神為一小孩，「不忌淫穢，不諱尊親，不明禮法，隨事隨報」，縱使為盜亦聽之。**129**

祭祖

祭祖也是民間的重要祭祀活動。在明代江西，庶民一般有傳統的墓祭習俗，一些家族還有較為繁瑣的祭祖禮儀。祭祖禮儀包括在正寢祭祀和祠堂祭祀，基本上依據朱熹《家禮》實行。依禮祭祖，特別是建祠祭祖，成為士大夫的行為特色。居鄉的士大夫

128 康熙《黴都縣誌》卷一三《紀言志》。
129 王士性：《廣志繹》，卷四《江南諸省》。

不僅自己實行，還以此倡行鄉里。民間家祭則往往祖先與觀音、祖師佛老及諸神像雜處，祖先神主也不符合所謂「禮制」。士大夫與地方官的祭祀禮儀，一定程度上是試圖進行一場儒學的移風易俗的改革，並起了一定的作用。[130]

廣信府，「祭以俗節，尤重墓祭，士夫家間行古禮，閭閻好事者慕之，俗亦漸變云」。東鄉縣民間祭祖，遵朱熹《家禮》。嘉靖時寧州當地禮儀：「近世士大夫家冠婚喪祭，悉行文公《家禮》。」建祠祭祖自然也包括在內。吉安府，「故家世冑族有譜、家有祠，歲時祭祀必以禮」[131]。臨江府，「邑多巨族，鄉村聚族而處……宗祠及公眾贍差之田，得古之遺」[132]。可見吉安、臨江地區聚族而居，宗族建有祠堂祭祖。

每逢歲時節日，祭祀祖先除了墓祭外，通常以家祭為主，並往往以宗族祠祭的形式進行。方志記載：「臘月二十四日名小除，晦日名大除，皆設祭於家廟。」[133]即灶王、除夕二節，寧州有家廟祭祖之俗。南康縣志載：「清明祭先於祠，復以醴饌拜於墓，標以紙錢曰醮墓……中元以楮為衣冠，拜獻於先祖焚之，仍合族祭於祠，亦有用浮屠作為追薦者……冬至禮先於祠，醮墓如清明。」[134]南康的清明、中元、冬至諸節均在祠堂祭祖，可見祠

---

130 限於篇幅，此處不多述，欲詳請參考常建華《明代宗族研究》第四章《江西吉安府的宗族祠廟祭祖》，上海人民出版社二〇〇五年版。

131 萬曆《吉安府志》卷一一《風土志》。

132 崇禎《清江縣誌》卷一《輿地》。

133 嘉靖《寧州志》卷一三《風俗》。

134 嘉靖《南康縣誌》卷一《風俗》。

祭之盛。隆慶時新城縣，「族力稍充必立宗祠，力尤充者，冬
至、立春、四仲、季秋諸祭咸不廢。墓祭之田，蓋家有之，清明
祭掃之盛，他方莫及」[135]。嘉靖年間南安府各地的祭祀風俗較為
複雜多樣，官方倡導的禮儀與民間流行的舊俗並行：

　　凡祭，古有大夫五祀、庶人先祖之禮，其儀俱在，知禮者以
時行之（大小宗祠堂，惟南康為講，上猶一二姓為然）。其非時
祭，遇有吉事大者，請主於廳事設位，具羹飲酒果羊豕致祭，主
祭不拘宗子，惟老長行祝告三獻禮，侑以鼓笛俗樂。小事則設常
品祭告於寢（庶人及卿落雖大事亦止從俗常祭）。往者，初喪凡
遇七日、百日、周年、三年用浮屠氏為追薦，佛事近日亦以祭禮
代行。此大庚變而慕古也。間有不知禮、崇信佛氏尚依舊俗而
行。[136]

　　「主祭不拘宗子」，這表明南安地方已經突破了朱熹所設計
的宗子主祭權。關於南康縣宗祠祭祖的具體情況，嘉靖《南康縣
志》說：「祭禮：士庶家多立祠堂（無者祭於寢），一依朱子《家
禮》行之。清明、中元、冬至合族人於祠致祭，惟冬至祭始祖、
立春祭先祖、季秋祭祢，尚未有定論。其儀文簡略，合祭太數，

135 乾隆《新城縣誌》卷七《崇尚》。
136 嘉靖《南安府志》卷一〇《禮樂志》。

當議而正之。」[137]這裡不僅士大夫祠祭先祖，庶民也建祠祭祖。建祠依朱熹《家禮》，而祭祀則采納程頤的說法，修志者對其祭祀持保留態度。上猶有宗祠與小宗祠之分，祭祀方式與時間有所不同：「祭皆有宗祠，其祠以始徙家者為初祖，或又有小宗祠，以再徙家或別子為先祖，每歲三月清明、七月望日行禮，侑以俗樂，或巫祭或推族長族賢主祭。七月望日或亦行俗禮燒衣，間有八月舉祭，無冬至行祭禮者。」[138]

在明代江西的祭祀活動中，官方倡導的祭禮與民間流行的俗禮總是並行不悖、相互影響的。地方官員與士紳對淫祠和其它違禮習俗的禁止與打擊收效甚微，這既反映了政府移風易俗的努力，也反映了民間傳統習俗根深蒂固。

慶壽

生日慶壽自然不屬「祭祀」，卻有一定的聯繫。祭祖祝的是逝者，慶壽祝的則是生者，是中國古代喜慶活動的重要內容。隨著社會財富的積累，明代的生日慶壽也發生演變。其一、賀禮越來越多、越送越貴重；其二、做壽規模越來越大，壽期越來越長；其三、做壽演戲成為風氣，增加了喜慶氣氛；其四、做壽儀式日趨複雜。[139]一般來說，各地多逢十做壽，但有些地方如江西南部及嶺南地區也逢一做壽。屈大均曾記：「世之稱壽者，率以

---

137 嘉靖《南康縣誌》卷四《禮制》。
138 康熙《上猶縣誌》卷五《禮樂志・風俗附》。
139 鄭土有：《做壽習俗的歷史發展及其文化內涵》，載丁《中國民間文化〔七〕・人生禮俗研究》，學林出版社一九九二年版，78-81頁。

十為數，嶺南及江西寧都，則以十之一為數。」[140]明中葉歸有光
說他本來以為只有蘇州慶壽浮誇，及至北京，發現「京師則尤有
甚焉」；而與同年進士相互交談之後，也才知道各地「其俗皆
然」[141]。與歸有光同時代的吉水羅洪先，在六十歲生日前所寫的
謝卻親戚朋友祝壽的文中說：

> 今世風俗，凡男婦稍有可資，逢四、五十謂之「滿十」，則
> 多援顯貴禮際以侈大之。為之交游、親友者，亦皆曰：「某將滿
> 十，不可無儀也」。則又醵金以為之壽，至乞言於名家，與名家
> 之以言相假者，又必過為文飾以傳之，而其名益張。凡此皆數十
> 年以來所甚重，數十年以前無有是也。夫滿十而不容無言，交游
> 親友知之矣。[142]

第三節 ▶ 堪輿之風

一　興國三僚村與明代江西的堪輿術

　　堪輿是風水的學名，堪輿術即風水術，是中國古代沿襲至今
的一種擇吉避凶的術數，要旨是對人在生前及死後的住居環境進

---

140 屈大均：《廣東新語》，卷九《稱壽》。
141 歸有光：《震川先生集》，卷一二《李氏榮壽詩序》。
142 羅洪先：《念庵文集》，卷四《謝卻淵友祝年》。

行選擇和處理，追求生理上和心理上都能得到滿足的外部條件，也可以說是追求人與自然的和諧。堪輿又是一種流傳廣泛的民俗和社會文化現象，同時也是一種有關人與環境關系的哲學。風水的起源可追溯到三千年前西周的「卜宅」，後來又有「相土嘗水」，選擇城址以及相宅、相墓之舉。到漢代已有風水理論的萌芽，唐代發明羅盤，宋代風水已形成江西派與福建派兩大派別。明代是中國風水的鼎盛時期，民間風水實踐和風水理論都有很大發展，各種風水書籍紛紛問世，其中署名劉基的《堪輿漫興》、蔣平階的《水龍經》及《陽宅指南》、高濂的《相宅要說》、張道宗的《地理全書》等較為重要。

明代風水派別很多，但仍以江西、福建兩派為主干。江西派又稱形勢派，其理論主要闡述山川形勢和宅形格式，其特點在於重視宅與自然的關系；福建派又稱理法派，其為說多主於星卦。不過，從明代風水書籍的內容來看，不論是江西派還是福建派，實際上都既講形法又講理法，只是各有側重而已。在實踐過程中，兩派都以羅盤（尊稱為「羅經」）為基本工具，用以確定方位，並根據羅盤上的數字與天文、地理名稱，開出種種風水處方。

江西是天師道的所在地，民間以堪輿、占卜、相術、巫術謀生者甚多，故堪輿術等有深厚的基礎。前文多次提及的王士性《廣志繹》對於江西人的「堪輿、星相、醫卜」有十分深刻的印象。

不過，江西堪輿文化在全國獨樹一幟，成為全國最有影響的一個流派，其動力在一定意義上還是來自最高統治者。明成祖和

明世宗兩次下詔在全國範圍內公開征召堪輿術士（或稱風水先生、陰陽人、地仙、形家等），江西贛州府興國縣三僚村的堪輿師在此過程中獨占鰲頭，遂使贛南堪輿術、「贛州先生」聲名遠播，流布天下。

三僚村位於興國縣東南六十多公里的梅窖鎮，地處興國、寧都、於都三縣交界。三僚村本是一個默默無聞的山區自然村寨，唐末，曾任司天監正的風水大師楊筠松（名益，號救貧）攜其門徒曾文辿、廖瑀、劉江東、黃妙應等人，選中這塊「寶地」僑居，授徒傳業，開創了中國南方風水文化之先河。楊筠松後被堪輿界尊為祖師，三僚村的曾、廖兩姓村民，以堪輿之術，世代相傳，人才輩出，享譽海內外，故被後世贊之為「中國風水文化第一村」。

自明朝初期至清代中葉這一期間，三僚村先後有數十人奉詔供職於欽天監，專司皇家堪輿職事。廖氏在欽天監任監正、監副及五官靈台郎等職的有：廖金精、廖興、廖均卿、廖旺隆、廖文政；任欽天監博士的有：廖景庵、廖必旺、廖用成、廖歧山、廖紹定、廖覺先、廖炳、廖紹寵等。曾氏擔任過欽天監職司的有曾從政、曾邦旻、曾鶴賓、曾永章、曾國瑞等。

其中最著名的自然是廖均卿與曾從政，他們曾奉旨相度天壽山（即十三陵的第一陵長陵）和故宮紫禁城，至於廖、曾二姓中奉旨相度的其他皇陵、修築長城和治理黃河等，以及參與相度各州州府、古寺、文廟及宗祠的風水師，則不勝枚舉。

明十三陵位於昌平縣東黃土山，四面青山環抱，中間明堂開闊，水流屈曲橫過並且各陵都背山面水，處於左右護山的環抱之

· 興國三僚村的楊公祠

中。這一陵址位置的經營方式與建在平原之上的陵墓相比，更能
顯示皇帝陵寢肅穆莊嚴和恢宏的氣勢。明朝皇家陵地卜選採用的
就是當時盛行的江西形勢派堪輿術。時值永樂五年，成祖居南
京，欲「移旋北地」，但尚未在北平卜山陵，責成禮部尚書趙羾
擇尋「精陰陽者」。趙羾報告說：「查得唐時楊筠松、廖、曾精
通地理，有仙道之機。查得乃江西人也。」永樂五年十二月，公
文下到江西省、府、縣，曾文政、廖均卿等立即啟程先赴北
平。**143**永樂七年五月，「上命禮部尚書趙　以明地理者廖均卿等

---

143 此據《均卿太翁欽奉行取插葍皇陵及行程回奏實錄》。該《實錄》為
　　廖均卿之子廖信厚根據其父勘輿明陵筆記整理而成，於光緒年間所修
　　《三僚廖氏三房族譜》中發現。

擇地，得吉於昌平縣東黃土山。車駕臨視，遂封其山為天壽山。是日，遣武安侯鄭亨祭告興工，命武義伯王通董役事，均卿等咸受官員」[144]。此事鄭曉《今言》也有記載：

廖均卿，江西人，精地理。成祖擇壽陵，久不得吉壤。永樂七年，仁孝皇後尚未葬，禮部尚書趙羾，以均卿至昌平縣，遍閱諸山，得縣東黃土山最吉。成祖即日臨視定議，封為天壽山。命武義伯王通等董役，授均卿官。[145]

永樂八年，廖均卿辭歸未果，成祖賜四品職銜供養在欽天監衙門，直至永樂十三年老死，方派欽差護送回鄉榮葬。作為堪輿術士，永樂皇帝對其恩寵可謂前無古人後無來者。現三僚村仍有廖均卿墓（廖生前所選），碑文稱為金幼孜所撰，但未見於《金文靖集》。但金幼孜與廖均卿的交往卻見於金幼孜的《廉泉書舍記》，文中對廖氏從事堪輿的來由也有所記載，略錄於下：

廖氏為章貢望族，其居之邑曰興國，鄉曰衣錦。在宋時有諱某者，為大學生，後登顯仕，洎歸老於家，捐私財創廉泉書舍，聚宗族鄉黨之子弟而訓之。雨雪之朝，燈火之夕，弦誦之聲，洋洋乎盈耳。……而其中葉尤攻於郭景純、蔡季通之學，累世相

---

144 《明太宗實錄》卷九二，永樂七年五月己卯。
145 鄭曉·《今言》卷三。

承，顯於江右，陰陽家皆師宗之。至均卿復以其術見知於朝，得膺靈台之任。永樂八年，予以扈從留寓北京，而辱與均卿以鄉故相往還，間請於予曰：均卿上世所建書舍，未有記，丐一言以記之。余謂自三皇五帝以降，載之方冊，若經史諸子、天文地理、醫藥卜筮、稗官小說之類，名雖不同，而總謂之書。然而經以載道，史以記事，至於百家之書，人亦莫不資之以為用焉。予嘗觀夫古人藏書之多，至於汗牛充棟，則凡於此又豈有一之不備哉。……今廖氏書舍所積之富，固未可量，而其涵泳聖涯嚅嚌道味以昭前聞而淑後胤者，亦必有所在。若其能博涉地理陰陽之書，超取名位，以克大其家聲，斯可謂盛矣。視世之儒者，尋常摘句占畢竟日至於終其身不得一命者，誠有間哉。此書舍所以久存而不壞也，均卿尚勖之，是為記。[146]

在金幼孜看來，廖氏為當之無愧的堪輿大師，故「陰陽家皆師宗之」，其地理陰陽之書，足以「超取名位，以克大其家聲」，比之腐儒尋章摘句終老一生，更具有價值。

與廖均卿同到北平為皇室擇陵的三僚風水大師還有曾從政。曾從政先是給皇後徐氏擇陵，事成授欽天監博士，進五官靈台郎。永樂十一年五月，「定營建長陵功賞，太常寺博士陰陽訓術曾從政、陰陽人劉玉淵，皆欽天監漏刻博士，食祿不視事」[147]。

---

146 金幼孜：《金文靖集》，卷八《廉泉書舍記》。
147 《明太宗實錄》卷一四〇，永樂十一年五月壬寅。

曾從政還勘定督修紫禁城，為修建萬裡長城、九鎮軍事要塞和北京祈年殿勘址。老死後，明成祖派遣兩名太監護送其靈柩還鄉榮葬。

嘉靖十五年，明世宗認為天壽山風水雖好，但已葬七位皇帝，遂下詔在全國征召堪輿師為其擇地建陵，並由夏言主持、禮部出題對堪輿師進行考試。題曰：「蓋穴有三吉，葬有六凶，有山五不葬者，何曰吉？何曰凶？辨之果皆合於理而不足憑乎？仰多居其畜會貴之。望而不信地理之家書多，必本注大要，試悉言之，以觀汝術。」結果，興國三僚廖文政（廖均卿從孫）得「風水狀元」，廖氏廖勝概，曾氏曾邦旻、曾鶴賓等也脫穎而出，共同相看獻陵，並奉旨治理黃河、兼通漕運，從而一再受到封賞。

但是，從根本上說，堪輿家風水師的活動對於儒家學說來卻是「異端」，通過這種方式獲得獎賞是理所當然，除了欽天監外，卻不能作為升授的理由。[148]而隨著政治環境的寬鬆和價值觀念的變化，廖文政等人也並不像乃祖廖均卿那樣，在意朝廷的封賞，常常是「差已竣事而日久未回任」，終因「違限最久」而被黜為民。[149]

這些風水大師不僅在實踐上有很大的作為，而且在理論上也有不少的創新，整理出諸如《陽宅簡要》、《地理指迷》、《向水

148 參見方志遠：《「傳奉官」與明成化時代》，《歷史研究》二〇〇七年第一期。
149 《明世宗實錄》卷三四〇，嘉靖二十七年九月壬辰。

指南》、《地理心得》等一批有價值的風水著作。同時，他們也將其理論運用於家鄉的建設，留下了不少風水實踐傑作。

即使今日走進三僚村，也如同進了一座巨大的風水文化陳列館。在這個不足兩平方千米的山村，布滿了歷代風水師們留下的獨具匠心的風水文化建築。這裡有大小祠堂四十二座，典型的有「掛壁天井」、「蛇形祠」、「龜蛇會」、「狗形祠」、「半坑祠」、「無蚊祠」、「萬方祠」、「月洲祠」、「美女照鏡祠」等。每一座祠堂都蘊藏著玄機，包含著神奇的故事。這裡還保存著明清以前的古墓幾百座，座座皆有風水說道，諸如「鵝形」、「蜈蚣形」、「觀音望海」、「夫子彈琴」、「鳳凰翹尾」、「上水鯉魚」、「側面臥虎」、「猛虎回頭」、「五虎下山」等。在這一個個富含詩意的名字背後，卻是一個個家族之間為求生存而相互爭斗的故事。在三僚村，還有多口人工開挖的池塘，這便是有名的「七星池」和「百口塘」。這「七星池」、「百口塘」開挖以後，與屋場周邊小溪相連貫通，排水通暢，氣韻回旋，可謂「藏風得水」，居住環境更加宜人美妙。據說，這是風水師們針對所居屋場犯「四煞嶙峋」而採取的「消水」、「制煞」的措施。雖然不免帶有濃厚的「迷信」色彩，但古代的科學從來都是用故弄玄虛來裝點和掩飾的，當然，這裡面或許包括著一種神聖和信念，只是局外人無法理解而已。

二　堪輿與明代江西的科舉習俗

明代江西尤其是在風水的發源地贛南，一個比較引人注目的

現象是，興起了一股造風水以興科舉的熱潮。[150]影響所及，明代江西幾乎所有的府州縣學都進行過改遷與重建，大量風水塔也由官方和民間合力興建。

以贛州府學和縣學為例（贛州府城所在地為贛縣），就先後在成化四年、嘉靖四十一年、萬曆三十二年進行過三次搬遷，而且每次搬遷的理由都是學校的風水不利於科舉。關於成化四年贛州府學（包括縣學）的搬遷，明人彭時以為贛州「科目乏人」的原因是「地有不利」，而知府曹凱把學校遷到一所佛寺，在當時並非輕易之事。曹凱之所以力排眾議，堅持把學校搬遷到景德寺的重要理由是景德寺地理上的「當崆峒之勝」，「山勢聳拔如卓筆狀」。就在贛州府縣學搬到景德寺的當年，贛州「名鄉薦者二人」，明年，董越進士及第，後官至兵部尚書，遷學的效果似乎非常明顯。[151]有意思的是，嘉靖四十一年南贛巡撫陸穩又把贛州府縣學從景德寺遷出，理由是「堪輿家弗之善，思復其舊」[152]。萬曆三十二年，南贛巡撫李汝華等地方官，因為贛州「舉制科者往往遜他邑」，遂「相與質之形家，僉謂景德舊址，豐隆宏敞，延袤正方，北互郁孤，南瞰崆峒，鳳池匪遙，翠玉可枕，如彭學士所稱洵吉壤」[153]。於是，嘉靖年間「堪輿家弗之善」的景德寺

---

150 參見黃志繁：《明代贛南的風水、科舉與鄉村社會」士紳化」》，《史學月刊》二〇〇五年第十一期；黃志繁·《「賊」「民」之間 12 至 18 世紀贛南地域社會》第三章第四節，三聯書店二〇〇六年版。

151 彭時·《新遷府縣估學記》，嘉靖《贛州府志》卷一一《藝文》。

152 天啟《贛州府志》卷二〇《紀言志二》。

153 同治《贛州府志》卷二四《學校》。

地址此時又成了「吉壤」，李汝華等人又把贛縣縣學遷到景德寺。真是「成也蕭何，敗也蕭何」，風水竟能如此左右科舉！

同時，明代江西還出現了興建文峰塔的風潮，目的也是為了振興當地科舉。以瑞金縣為例，該縣在明後期就動員縣裡紳士耆老，興建了兩座文峰塔。康熙《瑞金縣志》記載：

龍珠塔，縣西南五里。本縣峰巒聳秀，江水環帶，亦稱佳麗。惟是西南少秀拔峰。故議以西面赤硃嶺為縣水口，位屬辛，宜建天乙貴人峰。以南面方巾嶺，位屬巽，宜建雲霄狀元筆，久議未就。萬曆壬寅冬月，知縣堵奎臨酌合邑議，申詳道府。……匾曰龍珠塔。庶幾風氣秀發，人文振起。[154]

興建龍珠塔完全是由於風水上的理由，建塔的過程驚動了從知縣到舉人、監生、秀才、耆老等地方上的各類人士。隨後，瑞金又興建了「與龍珠寺塔相對」的「巽塔」，名為「文興塔」。全縣人士對二塔寄予厚望，謂「巽、辛二塔對峙，屹然凌霄，後日必有人文振起，秀甲寰區者矣」[155]。

興建文峰塔的並非只有瑞金一地，如大庾縣，「東山望旭，西華倚空，萬古巨瞻，一方雄鎮，顧以巽峰少銳，堪輿家致有異言，必須文筆增巍，經學士取為吉兆」，於是「建石塔於龍華院

---

154 康熙《瑞金縣誌》卷三《建設》。
155 康熙《瑞金縣誌》卷三《建設》。

之東」[156]。上猶縣盧公塔，在縣東五里，「本府同知盧洪夏……見猶邑科目寥寥，由水口文峰低小，乃建七層浮屠於巽山之巔，自是人文頓盛，邑人呼曰盧公塔」[157]。

城門的方向也被認為與科舉的興旺發達有關。寧都在清初有拆塔建城之說，魏禧在給友人的書信中以自己明末的衝動之舉為例，對此極力勸止：

適聞邑中有議拆大東、小東新城，而兄將主其事，弟笑嘆驚怖，甚以為不可也。……居民尚賴此為屏障。一旦以莫須有之風水勞民傷財，以壞生民萬世之利，吾不知其何心也。……又聞將起塔於巽峰。吾意說者必謂移城砌塔，一舉兩得。不知工費出辦何所。……猶記壬午（崇禎十五年，1642）場後，吾邑以連科不得第，有建修風水之說。弟少年不經，妄聽輕作，遂同令弟毅然任之。結怨費財，日營無益。[158]

本來，以風水之說來搬遷儒學、興建文峰塔，對士大夫和官方並不是一個堂皇的理由，但贛南作為贛派風水的發源地，風水之說自然在平民百姓中有深厚的信仰基礎。以風水的說法作為振興科舉的理由，確實容易激發民眾的向學和助學熱情。萬曆時楊

156 劉節：《梅國前集》卷三二《重建文峰塔疏》，《四庫全書存目叢書》媒部第五十七冊。
157 康熙《上猶縣誌》卷三《寺觀》。
158 魏禧：《魏叔子文集》卷七《與友人》。

守勤在《新建儒學碑記》中說：

> 予為諸君子之心，豈惑堪輿，總為贛士。蓋人情無與萃渙則不專，無與激昂則不奮。工之肆，齊之莊岳，專故也；下流而邑醪，決勝終食，奮故也。今士專且奮矣，而纘成大道，步趨文成者，又方為爾贛士鵠，宜何省惕，以仰副上人立學意耶？倡率而鼓舞之，是誠在子。[159]

按照楊守勤的解釋，地方官就是利用堪輿學說來「倡率而鼓舞之」。事實證明，這種地方官首肯或提議→紳士積極倡導→民眾積極響應的運作模式是較為成功的，使得當時大多數風水建築的營建得以順利進行。

風水也多與喪葬禮儀、住宅選址等活動連繫起來。由於迷信風水及經濟上的壓力，江西民間有暴喪遲葬的陋習。《明史・儒林傳》說：「江西俗好陰陽家言，有數十年不葬父母者。」此囂風惡習愈演愈烈，引起了江西地方官府的高度重視和嚴厲制裁。官府認為：「擇葬之宜慎也，然因是以久暴其親，安乎？又以求福蔭之故，數改其葬，甚至侵占相尋，禍生訟獄，死而有知當亦有隱恫焉。」[160]然而，民間遲葬、遷葬的風習屢禁不止。弘治年間，江西提學副使邵寶下達了「士不葬親者不得應試」的嚴令通

---

159 同治《贛州府志》卷二四《學校》。
160 《明史》卷二八二《儒林傳一》。

牒，此風才為之一變，「於是相率舉葬以千計」[161]。邵寶是個有經驗的官員，他敏銳地認識到，民間的遲葬、遷葬之風既受風水的影響，也是由科舉考試而起、而興。要消除它，必須以科舉功名為制約，此舉果然收效甚大。

第四節 ▶ 曾經「訟風」如潮

一　江西「訟風」的表現及影響[162]

宋明時期江西的「訟風」

　　「無訟」是中國歷代統治者治國行政的最高境界。但社會的發展卻並不按照統治者所定下的規則行進，社會矛盾、經濟糾紛無時不在、無處不有。不管統治者願不願意，聽訟實際上已經成了地方官員的主要事務。正如明代學者丘濬所說：「民生有欲，不能無爭，爭則必有訟。苟非聽訟者中而聽不偏，正而斷合理，則以是為非、以曲作直者有矣，民心是以不平。初則相爭，次則相鬥，終則至於相殺，而禍亂之作，由此始也。是以為治者，必擇牧民之官、典獄之吏，非獨以清刑獄之具，亦所以遏爭鬥之源而防禍亂之生也。」[163]至明代，不僅訴訟已為社會生活中習以為

161　《明史》卷二八二《儒林傳一》。

162　參見方志遠：《明清湘鄂贛地區的」訟風」》，《文史》二〇〇四年第三期。

163　丘濬·《大學衍義補》，卷一〇六《治國平天下之要·慎刑憲》。

第八章·明代江西的社會風俗及其嬗變

835

常之事，一些社會關係複雜、商品經濟發達的地區，「訟風」更成了令人注目的社會現象，江西即為典型。

江西「訟風」始於唐末而盛於宋明。明太祖朱元璋憑借農民戰爭摧枯拉朽的力量和新政權的高效機制，以重典治天下，希望將所有的社會活動納入政府控制的範圍之內，「訟風」自然不允許繼續存在。為此，明太祖一再命戶部向既為財賦之地又是「好訟」之鄉的江西及浙江、蘇松等地發布「榜文」，要求這裡的民眾息爭止訟、應役輸糧：

　　為吾民者，當知其分。田賦、力役，出以供上者，乃其分也。能安其分，則保父母妻子，家昌身裕，斯為忠孝仁義之民，刑罰何由而及哉。近來兩浙、江西之民，多好爭訟，不遵法度，有田而不輸租，有丁而不應役，累其身以及有司，其愚亦甚矣。曷不觀中原之民，奉法守分，不妄興詞訟，不代人陳訴，惟知應役輸租，無負官府。是以上下相安，風俗淳美，共享太平之福。以此較彼，善惡昭然。今特諭爾等，宜速改過從善，為吾良民。苟或不悛，不但國法不容，天道亦不容矣。**164**

　　兩浙江西等處人民，好詞訟者多，雖細微事務，不能含忍，徑直赴京告狀。設若法司得人，審理明白，隨即發落，往往亦要盤纏。如法司囚人數多，一時發落不及，或審理不明，淹禁月久，死者亦廣。其干連之人，無罪而死者不少。詳其所以，皆由

---

164 《明太祖實錄》卷一五〇，洪武十五年十一月。

平日不能互相勸誡，不忍小仇，動輒經由官府，以致身亡家破。如此者連年不已，曾無警省。今後老人，須要將本裡人民懇切告誡，凡有戶婚、田土、鬥毆、相爭等項細微事務，互相含忍。設若被人凌辱太甚，情理難容，亦須赴老人處告訴，理事輕重，剖斷責罰，亦得伸其抑鬱，免致官府系累。若頑民不遵榜諭，不聽老人告誡，輒赴官府告狀，或徑赴京越訴，許老人擒拿問罪。[165]

在發布告民榜諭的同時，對熱衷參與訟事的「刁民」進行嚴厲打擊。茲列《大誥》所舉洪武十八、九年間明太祖親自過問的一個案例。江西郭和卿狀告王迪淵等四十五人，稱其為害民之胥吏、皂隸、豪民。經通政司提審，令原告、被告面質，但原告郭和卿竟「默然無對」，坦言所有被告人的姓名、劣跡，都是一個名叫周繼奴的人所提供，自己只是代人投訴。[166]

這類事情，本來各地都在發生，按《大明律》論處，不過徒、流，但在「治亂世用重典」思想的指導之下，均被「押回原籍，梟令於市，闔家成丁誅之，婦女遷於化外」[167]。同時，又令各布政司和府、州、縣所在官司，以及「賢良方正、豪傑之士」，如有在役之吏、在閒之吏，以及城市鄉村老奸巨猾的「頑民」，「起滅詞訟、教唆陷人」，即行綁縛赴京治罪。[168]不僅如

165 張鹵·《皇明制書》卷九《教民榜文》。
166 《大誥三編·代人告狀第三十一》。
167 《大誥續編·斷指誹謗第七十九》。
168 《大誥·鄉民除想第五十九》。

此，明太祖對江西的「刁民」和「訟風」，比浙江、蘇松似乎有
更多的成見和警惕，故在處理了郭和卿誣告之事後，特別指出：
「天下十三布政司良民極廣，其刁頑者雖有，惟江西有等頑民，
奸頑到至極之處，變作痴愚」[169]。

在明初的高壓政策的嚴厲打擊之下，江西有組織的「訟學」
及「訟風」曾一度沉寂，但隨著嚴酷冷峻的洪武、永樂時期的消
逝，特別是商品經濟的復甦和發展，「訟風」重又死灰復燃，並
有越演越烈之勢。

成化十八年二月，鎮守江西太監在奏疏中對當時江西的「訟
風」作了全面的描述：

> 江西地方，雖曰文獻之邦，然民俗刁頑，素稱健訟。有等刁
> 潑之徒，不務生理，專以捏詞告人，圖利肥己。有因爭鬥小忿，
> 就將遠年病死人命，捏作打死；有被強盜竊去家財，就告平昔有
> 仇之人強劫；有因爭競一事理，作不干己數事，牽告百十餘人。
> 所司審出虛詐，不予准理，私忿不遂，輒便赴京，捏詞奏告。及
> 行提問，百無一實。中間又有一等豪惡之徒，因事打死人命，或
> 占人田土，奸人妻女，搶人家財，騙人財物，被人告，自知罪惡
> 深重，不肯出官對理。……妄捏謀逆重情，赴京伸訴，聲動朝
> 廷，煩瀆聖聽。[170]

---

169 《大誥三編・代人告狀第三十一》。
170 《皇明條法事類纂》補遺《都察院等衙門右都御史等官戴等題為處置

丘浚在其《大學衍義補》中也說：「今日健訟之風，江右為甚，此風不息，良善不安，異日將有意外之變。」**171**

　　江西的「訟風」，又以有「文章節義之邦」美譽的吉安為最盛。成化四年七月，新任吉安知府許聰剛剛受命，就忐忑不安地向朝廷訴說他所聽到的傳聞：

　　吉安地方雖廣而耕作之田甚少，生齒雖繁而財谷之利未殷，文人賢士固多而強宗豪右亦不少。或相互爭斗，或彼此侵漁，囂訟大興，刁風益肆。近則報詞狀於司府，日有八九百；遠則致勘合於省台，發有三四千。往往連逮人眾，少不下數十，多或至百千。其間負固不服者，經年行提不出；恃頑變詐者，累發問理不結。**172**

　　不僅是許聰，當時的各級官員也都對吉安的「訟風」給予密切關注。成化十五年三月，巡視江西南京刑部右侍郎金紳上疏，反覆陳述「吉安地廣訟繁」，明廷為此升南京大理寺署寺正黃韶為江西按察司僉事，「專分巡吉安府地方」**173**。二十三年七月，吉安知府張銳上疏：「江西多大家，往往招納四方流移之人，結

民情事》。
171　丘浚‧《大學衍義補》，卷一〇五《治國平天下之要‧慎刑憲‧明流贖之意》。
172　《明憲宗實錄》卷五六，成化四年七月。
173　《明憲宗實錄》卷一八八，成化十五年三月辛巳。

黨為非。如吉安一府，健訟尤甚，囚犯監禁，常累至千人。緣官少不能決斷，多致瘐死。今宜增設推官一員，專理詞訟，不得以他事差遣。」刑部支持了張銳的請求，增設吉安府推官一員，專司理刑。[174]弘治十七年，巡撫江西都御史張本上疏，極言江西「吉安、瑞州等府刁民妄起詞訟」，刑部為此下令：「禁軍民奏訴泛及七、八人以上……仍治其人。」[175]

正德五年，王陽明來到吉安府廬陵縣任知縣。在處理完鎮守中官的胡亂攤派之後，他開始著手治理廬陵縣積習已久的訟風了。其《告諭廬陵父老子弟》云：

> 廬陵文獻之地，而以健訟稱，甚為吾民羞之。縣令不明，不能聽斷，且氣弱多疾。今與吾民約，自今非有迫於軀命、大不得已事，不得輒興詞。興詞但訴一事，不得牽連，不得過兩行，每行不得過三十字。過是者不聽，故違者有罰。縣中父老謹厚知禮法者，其以吾言歸告子弟，務在息爭興讓。嗚呼！一朝之忿，忘其身以及其親，破敗其家，遺禍於其子孫。孰與和巽自處，以良善稱於鄉族，為人之所敬愛者乎？吾民其思之。[176]

---

174 《明憲宗實錄》卷二八八，成化二十三年七月壬戌。入清，推官革除，由同知理刑，江西各府同知及通判的養廉銀每年六百兩，獨吉安一府為九百兩（據《皇朝文獻通考》卷四二《國用考四·俸餉》）。

175 《明孝宗實錄》卷二一一，弘治十七年閏四月辛酉。

176 《王陽明全集》卷二八《告諭廬陵父老子弟》。

與吉安同處贛江中游且經濟發達的臨江、瑞州等府，也是「訟風」盛行。成化時由揚州知府改任臨江的周源，到任伊始，就感覺到此處比揚州更難治理，並將這一感受告訴友人：「臨江民好訟，株連蔓引，動千百人，比揚尤號難治。」[177]嘉靖《臨江府志》卷一《郡域志》也說：「地狹而庶仰食旁郡，或棄農遠服賈矣，庶故易訟」。正德《瑞州府志》卷一《地理志》記載當地風俗：「珥筆之民新昌頗多，積年之害高安為最」。而宋元以來盛行、在明初受到打擊的「訟學」，也在

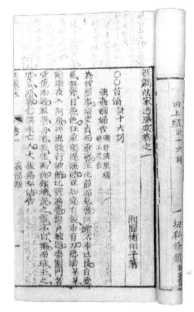

· 明清時期民間廣泛流傳的訟師祕本——《新鐫法家透膽寒》書影，清道光十九年（1839）刊本，竹紙，線裝，半框十六點六乘二釐米。

這一帶出現。張景《疑獄錄》明言：「今古筠等府，書肆有　行《公理雜詞》，民童時市而誦之。」[178]諸晦香《明齋小識》也說：「凡村塾蒙師，多取呈狀課童子。」[179]

---

177 吳儼：《吳文肅摘稿》，卷四《明故廣西左政致仕周公合葬墓誌銘》。
178 張景．《疑獄錄》卷九《虔效鄧賢》。
179 諸晦香：《明齋小識》卷一《打轎夫》。

此外，江西其它各府的訟風程度不一。洪武時南昌府風土，「尚氣太過不能忍，小忿輒至斗訟」[180]。豐城縣「喜爭健訟」[181]。嘉靖時九江府德安縣，「鄉市之民俱健訟」，彭澤縣「民習經商，鄉民十九、二十都者健斗喜爭」[182]。嘉靖武寧縣「好訟不靖」[183]。廣信府則有「告訐之風」[184]，其屬永豐縣「嗇之忍施，訐之健訟」[185]，弋陽縣「有爭則訟」，「獄訟不息」[186]。南安府風俗「爭訟必務求勝，蕩家產不顧」，「好囂爭，多為訟者師」[187]。嘉靖三十三年南安知府說南安「民俗有古人之遺風」，其氣習尚朴，「訟牒亦稀」，然而四邑之中，南康「人有健訟，俗好侈靡」[188]。

江西的「訟風」，又隨著江西人口的外遷和江西商人的活動而向外省傳播，成為朝野高度關注的影響全局的社會問題。

宣德十年五月，河南南陽縣知縣李桓疏稱：該縣有江西流民，「多越訟告訐」[189]。正統十四年十月，河南布政使年富上疏，說江西在河南的「逃戶」，「誘人刁潑」，請示朝廷批准，將

---

180 萬曆《新修南昌府志》卷三《風土》。
181 嘉靖《豐乘》卷三《風俗志》。
182 嘉靖《九江府志》卷一《方輿志・風俗》。
183 嘉靖《武寧縣誌》卷一《輿地類》。
184 嘉靖《廣信府志》卷一《地輿志》。
185 嘉靖《（廣信府）永豐縣誌》卷二《風俗》。
186 萬曆《弋陽縣誌》卷二《疆域志・風俗》。
187 嘉靖《南安府志》卷一〇《禮樂志》。
188 嘉靖《南康縣誌》，序。
189 《明英宗實錄》卷五，宣德十年五月丙申。

在河南的江西人盡皆驅逐出境。[190]天順二年九月，刑部所上題本說，該衙門幾乎每天都要收到各地商人赴京投訴的案子，其中最多的是江西商人在湖廣一帶有關債務的糾紛。[191]成化時，刑部題本再一次指責江西等處流民「進入湖廣等處禁山寄籍並捏詞」[192]。成化十年八月，刑部題本又說，「江西人民」攜帶火藥、布匹等物，至四川交易銅鐵，屢起詞訟，請命江西有司嚴給文引、西南各省嚴加盤查。[193]萬曆時王士性任雲南騰沖兵備道，屢屢受理江西特別是江西撫州商人的案子，但其中多有欺詐。一怒之下，王士性表示，凡江西撫州人的案子，概不受理。[194]

好訟之風、告訐之習，也影響著朝野上下對於江西民風士習的看法。洪武時定制，蘇州、松江二府及浙江、江西二省之人不得在戶部任職，輿論即認為，這是因為蘇松、浙江為財賦之地，而「江西士風譎詭」[195]。由於江西商人在河南經商放債、累起詞訟，河南鄧州籍的新科進士李賢竟然拒見江西泰和籍大學士楊士奇[196]，並且專門寫了一篇文章，將河南民眾的貧困歸之於江西商

---

190 《明英宗實錄》卷一八四，正統十四年十月辛亥。
191 《皇明條法事類煤》卷三八《江西客人各處買賣奏告情詞立案不行》。
192 《皇明條法事類貉》卷一二《流民進入湖廣等處禁山寄籍並捏詞具告問罪枷號充軍例》。
193 《皇明條法事類貉》卷二九《江西人不許往四川地方交結夷人汗告私偵例》。
194 王士性·《廣志繹》卷五《西南諸省·雲南》。
195 小沈德符·《萬曆野獲編》遺補卷三《曆法·算學》。
196 《明史》卷一七六《李賢傳》。

人的盤剝。[197]由於江西籍在京官員卷入派系斗爭，明武宗便將其原因歸之為「江西土俗，自來多玩法者」[198]。還是由於江西人的好爭喜訟，遂落了個「浮躁」、「蹊蹺」的名聲，《金瓶梅》的作者特別將其拎出，進行數落。《金瓶梅》第四十九回敘西門慶宴請蔡御史及巡按宋御史，費去千兩金銀，但宋御史只坐片刻即回。如此敘述，本來正常，不料中間卻插出一段話來：「那宋御史又系江西南昌人，為人浮躁，只坐了沒多大回，聽了一折戲文，就起來。」西門慶送了一大堆禮物，回頭對蔡御史說：「我觀宋公，為人有些蹊蹺。」這也本屬正常，卻又讓蔡御史說出一番話來：「他雖故是江西人，倒也沒甚蹊蹺處。只是今日初會，怎不做些模樣。」作者對江西人的成見溢於言表。

二 江西「訟風」的特徵

通常意義上的訴訟是社會生活中的常數，特定意義上的「訟風」則是社會生活中的變量；訴訟是「訟風」的基礎，「訟風」則是訴訟的變異。二者之間有著密切的連繫，但也有重大的區別。與一般的訴訟相比，明代江西的「訟風」有三個顯著特徵：

1. 從一般的民眾中分離出專門從事或者熱衷於從事訴訟並從

---

197 李賢：《古糧集》卷九《説・吾鄉説》，「吾鄉地廣土肥，民亦竭力其中，而卒無千石之宮者何也？豈上之人侵漁，或下之俗侈靡邪？已而戰之，蓋非二者之弊，乃賈人斂之耳。吾鄉之民樸鈍少慮，善農而不善賈。惟不善賈，而四方之賈人歸焉，西江來者尤眾。豈徒善賈，橘而且智，於是吾人為其勞力而不知也。」

198 《明武宗實錄》卷五九，正德五年正月己卯。

中獲得利益的群體或社會職業，訴訟成為職業；

2. 民眾對基層調解及審判喪失信任，越訟成風乃至成為時髦；

3. 普通的民事、刑事訴訟往往轉化為行政訴訟，民告官形成風氣。

在所有涉及明代江西地區「訟風」的文獻中，幾乎都要譴責那些在訴訟中或者推波助瀾或者無風起浪的「刁潑之徒」。正是因為有他們的存在和積極活動，才造成了江西及其他一些地區「訟風」的盛行。這既是「訟風」的主要表現及特徵，也是判斷一個地區「訟風」是否存在的重要依據。

這些所謂的「訟師」、「訟棍」們一般沒有政府所認定的正當職業，既不從事農業生產，也不從事手工業或商業活動。但他們卻有共同的特點，那就是接受過教育，有的曾為生員、監生、塾師、儒士，屬於知識階層；同時，又都仕進無門，既不願或不屑從事農、工、商、賈，又耐不住塾師、學究的清苦，遂幹起了代告、包攬、代書的勾當，並以此為職業。與一般的腐儒不同，他們見過世面，懂得法律，不懼官府，敢於對簿公堂。如果說他們是「無賴」、「光棍」，那也是知識「無賴」、知識「光棍」。按前述成化時江西鎮守太監的界定，他們是「不務生理，專以捏詞告人，圖利肥己」的群體。因此，他們理所當然被官府視為好逸惡勞者，視為「異端」，視為社會的不安定因素，應該受到法律的制裁和輿論的抨擊。

既然以訴訟為職業、為生計，則「訟棍」、「光棍」、「訟師」們首先考慮的自然是經濟利益；既然被視為「異端」，其手段則

沒有道德的限制，無中生有、顛倒是非、誇大事實、牽連無辜，無所不用其極。經他們之手，平常小事或許成了驚天大案，個人恩怨可能牽連數百上千人，片言只語可以協調的關係終致成年累月無法結案。但不管其動機如何貪婪、手段如何卑劣，也不管官府如何厭惡、輿論如何指責，他們的活動卻無疑在一定範圍內為希望通過訴訟維護權益的民眾提供了法律幫助，也可能在彈指揮臂間為事主排憂解難，還可以在一定程度上對官府的胡作非為起著制約作用。因而，他們的活動也得到一定範圍的認可。正是因為有這種社會的需求，有存在的合理性，這一職業、這一群體遂能長期存在，並在部分地區如江西、湖廣、江浙、蘇松等地民眾的社會生活中發生重要作用。在江西廣為流傳的《鄧思賢》、《四言雜字》、《公理雜詞》等訟書，以及散布於城市鄉村的「訟學」，正適應了這一需求，培養出一代又一代、一批又一批熱衷訴訟的人群。

「越訴」既是江西等地區「訟風」的主要表現和特徵，也是影響統治者及社會輿論對某一地區的看法並將其視為「好訟」的重要因素。明太祖指責兩浙、江西之民「好詞訟者多」，是因為這裡的民眾「雖細微事務，不能含忍，徑直赴京告狀」；吉安知府許聰稱吉安人好訟，是因為這裡的訴訟者「近則報詞狀於司府」、「遠則致勘合於省台」。

社會矛盾是否能在基層解決，從來都是統治者判斷「治世」與「亂世」的標准。無論地方官府如何敲剝百姓，如何草菅人命，只要民眾不鬧事、輿論不揭露、「聖聰」不受驚動，統治者照例認為是太平盛世。而大大小小的官員們，以及管理著他們的

最高統治者，只要民眾不鬧事，一般也不希望矛盾被揭露。但「越訴」是揭露矛盾，是將社會的不公、將被基層掩蓋的矛盾揭示並加以放大，是對作為政權基石的地方官府的一定程度的否定，是將統治者理想中的「治世」描繪成「亂世」。因此，越訴者所訴之事即使屬實，也要受到懲罰。但在明代的江西等地，越訴成了風氣乃至時髦。

按照明初制定的社會管理模式，民間發生婚姻財產糾紛，首先應由「里老」進行協調或仲裁，不得貿然告官，否則便是越訴。

「里老」處分鄉間詞訟作為法律制度，有其特殊的背景。這個背景就是，當時的明太祖既嚴厲制裁江西等地的好訟「刁民」，也重刑懲治貪官污吏。他認定，地方官吏大多貪贓枉法、殃害百姓，民間詞訟赴京越訴，乃是迫不得已。因此，他希望通過宗族或親情的作用，將社會矛盾解決於底層，以減輕越訴對官府造成的壓力。

但是，里老對民間糾紛的裁決，嚴格地說只是民間調解和仲裁，它不可能取代官方的法律審判。何況，里老可能解決的只是發生在家庭、家族內部及鄰里之間的糾紛，如戶婚、土地、繼承、債務、孝悌等，卻無法解決新形勢下的新糾紛，如主客矛盾、商業訴訟等。而明代江西所發生的訴訟，大多是這類訴訟。

國家制定法律、設立官員，其公共職能之一就是協調社會矛盾、解決民間的爭端和糾紛。既然通過科舉考試產生、又有嚴酷的法令進行約束的官員也不可能發揮應有的作用，那就更不可能指望由地方官員挑選的「里老」在處理詞訟方面有太多的作為。

而且，里老如果沒有勢力，則無權威，解決不了問題；如果有勢力、有權威，則可能成為鄉間惡霸，欺壓民眾，產生新的社會問題。

既然鄉間里老的徇私舞弊層出不窮，基層官員及吏員又貪贓枉法、理斷不公，越訴乃至動輒赴京告狀便成自然之理。一旦勝訴或案情有所轉機，無疑對新的越訴又是一種鼓勵。刑部的一個報告展示了江西越訴者的種種途徑與方法：

成化十三年九月初三日，刑部等衙門奏，都察院即將江西等處軍民人等赴京奏告原籍戶婚田土等事，具照詔書事理，問罪所決，送回原籍，官司問結，以此人知警懼，詞訟頓簡。近日以來，法司即將抱本狀之人，不行照例問罪，徑送順天府，給引照舊聽理。以此刁潑之徒，既不見問越訴之罪，又圖徑送給引之利，成群結黨，聞風而來。有因官解軍匠物料到京者，又有因公差生理順便者，輒將戶婚田土小事，捏人命詐言等重情。或隱下自己姓名，捏作戶丁抱本，雇請外人冒頂家人名字，擅動實封，煩瀆聖聽。其間牽告人名多者動至二三百，少者不下六七十。又送給引之後，有責執文引，中途逃去別處，以致原籍官司提取被告之人在官，盜禁囹圄，經年累月，不得結絕。[199]

從實質上說，越訴其實就是告官、告吏、告裡老，告他們的

199 《皇明條法事類纂》卷四七《有司決囚》。

無能和徇私。這也是明代江西乃至中國古代「訟風」的主要特徵
或表現之一。

從現有記載中所涉及的具體案例看，明代的江西民眾越訴的
內容多與官吏相關，其中一部分則由一般的民事訴訟和刑事訴訟
轉化為行政訴訟。同一時期在江西發生的幾起越訴案，也是民告
官。對於職業訟師，越訴的過程或許帶來心理上的滿足，但對於
一般民眾，越訴告官實為迫不得已之舉，無法設想普通平民會無
緣無故與官府作對。《皇明條法事類纂》關於江西民眾訴訟的一
段記載，可以看出他們的艱辛和無奈：

> 江西地方小民，多被勢要大戶占種田地、侵占墳山、謀騙產
> 業、毆傷人命。（小民）狀投裡老，（里老）畏懼富豪，受私偏
> 判。反告到縣，平日富豪人情稔熟，反將小民監禁，少則半年，
> 多則一二年以上，賄屬官吏，止憑裡老地鄰保結，妄行偏斷。小
> 民屈抑，又逃司、府伸訴，（司、府）又行審查原案，本縣妄稱
> 問結，一概朦朧申覆。（小民）屈抑不伸，及赴御史處伸冤，御
> 史又行查審，曾經司、府、州、縣、裡老剖斷過者，不行准狀。
> 以致小民率至含冤受苦。[200]

這可以說是越訴或告官的普遍結局。但也就在同一時期，巡
按御史趙敔在奏疏中卻指出了江西「訟風」的新動態：

200 《皇明條法事類貉》卷二九。

第八章・明代江西的社會風俗及其嬗變

切見江西小民，俗尚健訟。有司官吏，稍不順其情者，動輒捏詞告害。其風憲官之忠厚正大者，必先察其賢否。若果貪酷，然後就逮黜；若廉勤，則極力扶持之。其用意深刻者反是，惟欲張威揚譽，不復顧事體、惜人材。不問賢否是非，一概逮系，刑逼招承。甚至刁民自知所告不實，潛行遠避，致將被害人久禁不治。[201]

從上述記載看，明代江西的告官已經成為風氣，並且在一定的範圍內，由無奈演變為蓄意。訟師、訟棍們深諳官場遊戲規則的套路，並利用這些規則來保護自己、打擊對手。官員們一旦成為打擊目標，往往身敗名裂。謝肇淛《五雜俎》記明代官場諺語：「命運低，得三西。」[202]「三西」指的是山西、陝西和江西。山、陝固然是「近邊苦寒之地」，生態環境惡劣，農民生活貧困，官員難以中飽私囊；江西地處江南腹地，經濟文化相對發達，得官於此，也說是「命運低」，也難以中飽私囊，則與江西民告官成風，「貪污之吏，斷無所容」有關。[203]

---

201 《明英宗實錄》卷一八四，正統十四年十月辛亥。
202 謝肇淛：《五雜俎》，卷四《地部二》。
203 與江西相似的是蘇松杭嘉湖地區。《五雜俎》卷四《地部二》同時指出：「江南繁華富庶，未嘗乏地也。而奸胥大駔，舞智於下，巨室豪塚，掣肘於上，一日不得展胸膛，安在其為善地哉？」沈德符《萬曆野獲編》卷十一《吏部‧掣簽授官》已有一陝西老衙，掣簽得任杭州府推官。這個職務本為肥差，但杭州與吉安、蘇州、松江，號為「難治」，老儒驚懼而泣，不敢赴讞。

訴訟成為職業、越訴成為時髦、告官成為風氣，明代江西「訟風」的這三大表現或特徵是緊密相連、相輔相成的。沒有專門從事訴訟、以訴訟為職業的訟師、訟棍，越訴和告官之事或難以發生，至少不可能形成風氣，民間訴訟也不可能造成牽連成百上千的聲勢；沒有越訴，訟師、訟棍們便缺少了活動的空間，「訟風」更不可能引起全社會的關注；如果沒有告官的膽量和手段，訟師、訟棍們便無法生存，越訴也就沒有了條件。

三　江西「訟風」的社會文化基礎

　　對明代江西「訟風」的發生與盛行，時人就進行了各種解釋，主要集中在兩個方面。

　　其一、生存環境的嚴峻，養成了江西人克勤克儉、事事認真乃至執拗的性格。

　　鄭曉《地理述》稱：「江西之民，質儉勤苦，時有憂思，至爭曲直、持官府，即費財不吝。」[204]王士性《廣志繹》的描述則更為細化：

　　　江右俗力本務嗇，其性習勤儉而安簡朴。蓋為齒繁土瘠，其人皆有愁苦之思焉。又其俗善積蓄，技業人歸，計妻孥幾口之家，歲用谷粟幾多，解囊中裝纏入之，必取足費。家無困廩，則床頭瓶罌無非菽粟者。余則以治縫浣、了征輸，絕不作鮮衣怒

馬、燕宴戲劇之用。[205]

　　鄭曉和王士性都是浙江人，在目睹了蘇松杭嘉湖地區城市的繁榮和民間的奢華之後，他們對江西人的勤苦和節儉有特別深刻的印象。既然一飯一粟、一分一釐的獲得都要通過艱辛的勞動，自然不願任意揮霍，更不容他人侵奪，由此而使江西人不惜破家費財，也要維護自身的利益。

　　其二、講究氣節，好論是非曲直，其流弊則為「健訟」。

　　羅洪先《輿圖志》說江西「俗尚氣節，君子重名，小人務訟。」鄧元錫《方域志》也說江西「君子尚名，小人尚氣，頗多訟，稱難治。」[206]羅洪先和鄧元錫都是明代江西著名學者，他們對江西人的「氣節」津津樂道，但也認為江西「小人」的「務訟」、「尚氣」與此有關。王守仁在《重修文山祠記》中則直截了當地指出，江西「訟風」實由「氣節」而起：

　　吉士之以氣節行義，後先炳耀，謂非聞公（按：指文天祥）之風而興不可也。然忠義之降，激而為氣節；氣節之弊，流而為客氣。其上焉者無所為而為，固公所謂成仁取義者矣；其次有所為矣，然猶其氣之近於正者也；迨其弊也，遂有憑憤戾粗鄙之氣，以行其妒嫉偏騖之私。士流於矯拂，民入於健訟，人欲熾而

---

205 王士性‧《廣志繹》，卷四《江南諸省‧江西》。
206 光緒《泰和縣誌》卷二《風俗》。

天理滅。而猶自是以為氣節，若是者容有之乎？²⁰⁷

　　鄭、羅、鄧、王諸人從生態環境與習性氣質內外兩個方面進行的分析和解釋，對於揭示明代江西「訟風」的盛行原因具有重要意義。但如果沒有以下因素，江西的「訟風」不可能像已經發生的那樣引人注目，也難以有上述的種種表現。

　　首先是書院教育的發達以及由此而帶來的科舉的興盛和「異端」的張揚。

　　這些書院既繼承了儒學傳道、授業的傳統，也吸收了禪學自由論辯的精神。因而，既灌輸了衛道報國的思想，也培養了獨立思考的意識；正統學說既得推廣，異端思潮也同時張揚。

　　南宋初年朱熹與陸九淵的論戰是江西自由「講學之盛」的起點，它既揭開了宋明時期儒家學說內部不同學術流派公開論戰的序幕，也是儒家學說內部的異端公開向正統挑戰的開始。雖然在元代確立了朱學的正統地位，但一些江西學者仍在繼承陸九淵的「異端」學說，對程朱理學進行批評。正是有了這樣的基礎，更大的「異端」王學才得以在江西盛行並為江西學者所繼承。

　　從嚴格意義上說，宋明時期江西的「訟風」，也正是這種異端思潮的表現。江西多訟師而浙江出師爺，也反映出這兩個經濟

207　王守仁：《王陽明全集》卷七《重修文山祠記》。又，王士性《廣志繹》卷七《江南諸省‧江西》說：「吉安夙稱節義之鄉，然至宋而盛。「江西的節義」，至宋而盛；江西的訟風，也開始盛行於宋。這兩個現象的同步發生，也並非完全偶然。

文化發達地區的不同文化精神：前者為異端，其內在精神卻是氣節；後者為附庸，其內在精神則是投機。

教育的發達培養了大量的人才，他們中的不少人在科舉失敗之後成了訟師、訟棍，成了江西「訟風」的主體；教育發達產生的另一個更為人們關注的結果是科舉的興盛，它使江西成為宋明時期提供官員最多的省份之一。這一批批進士和舉人們進入仕途之後，成了江西「訟風」的保護傘。江西人的越訴和告官往往奏效，與他們的支持有直接關係。正統、景泰時泰和籍吏部尚書王直就公開為吉安的「訟風」進行辯護：

江西之郡十又三，而吉安為易治。其人多讀書知道理，其出賦稅力役以供公上，皆不後諸郡，而或者以好訟病之，此不善為理也。夫生民有欲，有欲則不能無爭，爭則獄訟興焉。顧吾所以理之者何如耳。苟有公平正大之心，是非必明、操縱必當，則無實者不敢至其前，將自然無訟。其所以紛紛，皆為之長者不能是故也，豈獨民之過哉！夫民患不讀書，昧於道理，則告之而不知、諭之而不從，肆其囂頑，以抵牾其長，如是則難治。吉安豈其然哉！[208]

大凡越是經濟文化發達的地區，民眾對法律也就越是了解。民風「好訟」其實也要從兩個方面來看，它既表現了當地居民的

---

208 王直·《抑庵義後集》，卷一六《贈陳太守詩序》。

難以治理，但也說明他們願意按國家法律來解決糾紛。民風好訴訟與民風好械斗大不一樣，前者是希望依據法律解決問題，後者卻是自行付諸武力、視官府為蔑如。從這一點來說，好訟比好斗還是便於治理的。遇事有爭，訴於官府，絕非「好訟」，而是「讀書知理」的表現，以王直為代表的江西士大夫的觀念與儒家正統理念有著重要的分歧。走上仕途正道的進士、舉人，與走上異端邪道的訟師、訟棍，在江西「訟風」的發生和發展過程中各自發揮著不同的作用，扮演著不同的角色。

其次是生存環境的嚴峻，加以宗族勢力強大，造成江西人口職業的多樣化和社會關係的複雜化。

明景泰時江西泰和籍大學士陳循在一份奏疏中說：

江西及浙江、福建等處，自昔四民之中，其為士者有人，而臣江西頗多；江西諸府，而臣吉安府又獨盛。蓋因地狹人多，為農則無田，為商則無資，為工則恥卑其門地，是以世代務習經史。……皆望由科舉出仕。[209]

王士性《廣志繹》的一段話更耐人尋味：

江、浙、閩三處，人稠地狹，總之不足以當中原之一省，故身不有技則口不糊，足不出外則技不售。惟江右尤甚，而其士商

---

209 《明英宗實錄》卷二六八，景泰七年七月丙申。

工賈，譚天懸河，又人人辯足以濟之。又其出也，能不事子母本，徒張空拳以攏百務，虛往實歸，如堪輿、星相、醫卜、輪輿、梓匠之類，非有鹽商、木客、筐絲、聚寶之業也。故作客莫如江右，而江右又莫如撫州。[210]

由於人多田少、生存環境嚴峻，讀書入仕成了江西人體面脫貧的出路，而外出經商或從事各種手工業，以及無需資本投入的堪輿、星相、醫卜、僧道諸行當，更成了江西人通常的謀生手段。職業的多樣化成為江西社會的一大特色。這些職業既為原有的經濟生活注入了新的活力，也在原有的經濟生活中增添了更多的矛盾和糾紛。而在書院、訟學以及社會實踐中所訓練出來的「譚天懸河」、「辯足以濟之」的本領，無疑又是他們所從事的職業所必須，同時，也使他們對於越訴、告官無所顧忌。

手工業者固然是憑手藝生活，商人主要面對的也是一般民眾，但術士、醫卜、僧道卻上可通天，下可徹地，皇帝、後妃、宦官、文臣武將及平民百姓都需要他們祈福祛禍、預測吉凶，因而他們往往是下層民眾與上層顯貴溝通的渠道。而江西以多僧道術士而著稱。道教天師府在江西貴溪龍虎山，「張真人」每年赴京朝賀，其待遇高於曲阜的「衍聖公」[211]；元末西支紅軍的領袖彭瑩玉（彭和尚）和曾經幫助明太祖戰勝陳友諒的術士周顛（周

---

210 王士性・《廣志繹》，卷五《江南諸省・江西》。
211 陸容・《叔園雜記》卷八。

顛仙)、張中（鐵冠道人）等，還有替皇室選擇宮殿、寢陵位置的風水大師，都是江西人。

成化時為吉安知府的許聰，特別強調江西「文人賢士固多，而強宗豪右亦不少」。其實，江西的文人賢士多出身於強宗豪右，而強宗豪右中有不少就是文人賢士，兩者是合而為一、難解難分的關係。江西民戶多聚族而居，或一村一姓，或數村一姓，家有祠、族有譜，有共同的族田族產和嚴格的尊卑長幼秩序。許多家族都有子弟乃至大批子弟通過科舉、薦舉或其他途徑進入仕途。這些官員既將家族視為本根，又是家族的靠山；既為維護國家的整體利益而效勞，又為維護家族的自身利益而干擾國家的政策。而且，許多家族不但以血緣為紐帶，而且以詩書相凝聚，父子、叔侄、兄弟、族姻，自為師友，並通過師承關係與其他家族、其他群體發生連繫。蘇州太倉籍著名學者陸容，對江西宗族的禮義之風讚不絕口：

鄉黨莫如齒，此先儒之論也。然禮亦有「一命齒於鄉、再命齒於族」之文。今學校老生，凡遇仕而返鄉者，輒以齒自居，略無貴貴之義。彼為命士大夫者，又皆避嫌從厚，不以自明。於是先王之禮，遂成偏廢而不明。……聞安福彭文憲公（時）省親還家，族黨以三命不齒於族致隆於公。公不敢當，乃受異席。蓋其族黨，多讀書知禮之士故耳。[212]

212 陸容：《蓬軒類記一》，見鄧士龍輯《國朝典故》卷六八。按，《周禮》

於此也可以看出江西家族傳統在全國的影響。

上述因素，又構成了明代江西錯綜複雜而又幾乎無所不在的社會關係網。

永樂二年，吉水解縉為會試主考官，新科進士中便有一一一位江西人，而且三名一甲進士及二甲進士的前四名全是吉安府人。王世貞在羨慕的同時特別提醒：「（廷試）內閣學士讀卷五人：解縉（吉水）、胡廣（吉水）、楊士奇（泰和）、胡儼（南昌）、金幼孜（新淦）皆江西，中三人皆吉安府。」[213]洪熙元年，楊士奇主持復位鄉試名額，江西遂高居於十三布政司之首。[214]這是江西關係網在鄉人入仕時發生的作用。[215]成化時，南昌術士李孜省向憲宗上了「江西人赤心報國」的乩語，遂有尹直入閣、謝一夔等五位江西籍官員為吏、戶、禮三部尚書或侍郎及都察院都御史的任命。萬曆時，臨川人樂新爐在京城捏造「飛語」，以江西鄒元標等十人為十君子，抨擊趙卿等八人為八狗、楊四知等三人為三羊：「若要世道昌，去了八狗與三羊。」[216]這是江西關係網為同鄉勢力的擴張而製造的政治輿論。永樂十三年，太監王房等督夫六千人在遼東黑山淘金，十五年，又命內臣在廣西南丹州開金礦；成化十年，命內臣在湖廣寶慶府開金礦，每年役夫五十

原文為：「一命齒於鄉里，再命齒于父族，三命而不齒。」（《周禮注疏》卷一二）

213 王世貞：《山堂別集》卷三《一郡三及第》。

214 弘治《明會典》卷七七《禮部・科舉》。

215 《明史》卷三〇七《佞幸傳》。

216 沈德符・《萬曆野獲編》補遺卷三《刑部・山人輩語》。

五萬人；萬曆時，礦監稅使遍天下。不管是否確實，沈德符認定這是江西吉水胡廣、安福彭時、新建張位執政時為照顧江西商人所致。[217] 還是這位「新建張相」張位，為了安排江西同鄉而干預吏部銓選，吏部尚書孫丕揚無奈之下，竟創「掣籤」法，用抽籤的方式來安排中下級官員職務，成為千古笑柄。[218]

社會關係的複雜化，使得江西一些被視為「負販賤夫」之類的人物，也往往有一定的社會背景。強宗豪右固可通天，孱弱小民或許也可能通過種種關係達於當路。明成化時期，吉安知府許聰「請敕」便宜行事，對吉安的「訟風」大加懲治，卻因拷訊了一個微不足道的小人物而觸動了關係網，被置於死地。《明憲宗實錄》對此事有詳細的記載：

（許）聰以吉安民好訟，劫盜方熾，且奉詔行事，特嚴刑立威，以禁制其下，死於獄者五十餘人。……遣錦衣衛千戶金章核實，械聰至京，仍命都察院會官廷鞫之。乃比故勘律擬斬。命即如所擬處決。刑科都給事中白昂等以未經審錄為請，不從，且命毋覆奏。遂以是日夜四鼓押赴市曹斬之。……說者謂其凶暴致禍固宜，但系比律，不許覆奏，又趁夜行刑，則以司禮監黃高納其所厚吉安人洪僧官，以聰嘗笞辱其徒，至以瓦擦其首流血，積恨

217 沈德符·《萬曆野獲編》卷二《列朝·礦場》。
218 沈德符《萬曆野獲編》卷十一《吏部·掣簽授官》。

之潛所致。[219]

正是這些社會背景，造成了江西「訟風」的種種特徵和表現，也使得江西「訟風」長盛不衰而治理尤難，成為困擾歷代統治者的社會問題。也正是這些社會背景，構成了江西地域文化的特徵。

對於江西乃至全國的「訟風」，官方從來就持批評態度。而將這一現象稱之為「好訟」，將從事這一職業的群體稱之為「訟棍」乃至「光棍」，本身就是從管理者或統治者的角度出發的。但是對於類似於江西「訟風」的種種表現，政府雖然屢有禁令，法律卻為其留有空間。

對於訟師人等的活動，《大明律》定：「凡教唆詞訟，及為人作詞狀，增減情罪誣告人者，與犯人同罪；若受雇誣告人者，與自誣告同。受財者計贓以枉法從重論。其見人愚而不能申冤，教令得實，及為人書寫詞狀而罪無增減者，勿論」[220]。這條法令的前半段是禁止，禁止的是教唆、誣告；後半段則為訟師們留下了活動的空間，這個空間在虛妄與真實、惡意教唆與善意指導之間，其範圍是巨大的。

對於越訴，《大明律》定：「凡軍民詞訟，皆須自下而上陳告。若越本管官司，輒赴上司稱訴者，笞五十。若迎車駕及擊登

---

219 《明憲宗實錄》卷九七，成化七年十月壬申。
220 《大明律》卷二二《刑律五・訴訟・教咬詞訟》。

聞鼓申訴而不實者，杖一百，事重者，從重論；得實者，免罪」[221]。其中的矛盾也是明顯的，其實為赴京越訴提供了法理上的依據和精神上的鼓勵。薛居正對此作了精闢的解釋：「越訴得實而猶坐者，所以明體統也；奏訴得實而免罪者，所以達民隱也。」[222]

既要明體統，又要達民隱；既有民眾迫不得已的越訴，又有訟師精心策劃的告官；既有民眾的蠻狠和無理，更有官吏的貪婪和不公。法律為訟師的存在、為越訴和告官的行為保留空間，並非是因為法律制定者的疏漏，而是因為社會矛盾的復雜。當然，也是為了在國家意志和民眾意願之間，在統治的有序和無序、有為和無為之間，尋找一種平衡。

因此，「好訟」之風的興起，與其說是民眾刁頑、風俗澆漓的表現，倒不如說是官府無能、制度僵化的結果。歷代統治者對其進行的壓制和打擊，不僅使官府自身不斷陷於被動，也不利於新的生產關係的成長。

221 《大明律》卷二二《刑律五・訴訟・越訴》、《大清律例》卷三〇《刑律・訴訟・越訴》。
222 薛居正：《唐明律合編》，卷二四《刑律・鬥訟四》。

後記

　　《江西通史·明代卷》是我和謝宏維博士共同完成的。其中，一、二、四、五等章主要是我的成果，但宏維進行了補充和修訂；三、六、七、八諸章由宏維撰寫，當然也參考了我的一些成果。初稿完成後，張德信、曹國慶二教授對書稿進行了評審，並寫出了詳細的書面意見；通史編撰領導小組隨即召開了初評會，邵鴻、彭適凡、孫家驊、林學勤、游道勤諸教授對書稿進行了評議；感人至深的是全書總顧問、已故周鑾書教授在病榻之上通讀了書稿，並寫出了審讀意見。隨後，宏維根據專家的意見對全稿進行了修改，並加了附圖。最終經我改定。

　　在書稿即將付梓之際，謹向上述各位學者以及所有對本書給予幫助者表示感謝。在本書寫作過程中，參閱了大量已有的研究成果，雖然已經一一註明出處，仍在此向有關學者致謝。特別需要說明的是，許智范教授不僅校讀了全部書稿，而且修正了書中的多處錯誤，特致謝意。書中照片文物多為江西省博物館藏品（趙可明攝影），由《南方文物》編輯部供稿。

　　十一卷本《江西通史》工程從啟動到最後完成並公開出版，都傾注著主編鐘起煌先生的心血。從作者的確定和變更、稿件的

完成和評審、經費的籌措和使用，到責任編輯的選擇、封面設計的審定、部門之間的協調，乃至作者個人的某些瑣細要求，起煌主編均處處關心、事事躬親。作為這一工程全過程的參與者，其間的艱辛和困難，我比其他作者瞭解得更多一些。可以負責任地說，如果沒有起煌主編的狠抓嚴管和關愛有加，這套書不要說無法啟動，即使啟動也隨時有夭折的可能。

方志遠

2007 年 7 月 18 日

江西師大北區寓所

主要　參考文獻

一　正史、官書

《明太祖實錄》，（台灣）「中央研究院」校勘本。

《明太宗實錄》，（台灣）「中央研究院校」勘本。

《明宣宗實錄》，（台灣）「中央研究院」校勘本。

《明英宗實錄》，（台灣）「中央研究院」校勘本。

《明憲宗實錄》，（台灣）「中央研究院」校勘本。

《明孝宗實錄》，（台灣）「中央研究院」校勘本。

《明武宗實錄》，（台灣）「中央研究院」校勘本。

《明世宗實錄》，（台灣）「中央研究院」校勘本。

《明穆宗實錄》，（台灣）「中央研究院」校勘本。

《明神宗實錄》，（台灣）「中央研究院」校勘本。

《明熹宗實錄》，（台灣）「中央研究院」校勘本。。

《清世祖實錄》，中華書局影印本。

《清聖祖實錄》，中華書局影印本。

《清世宗實錄》，中華書局影印本。

《清高宗實錄》，中華書局影印本。

《漢書》，中華書局標點本。

《晉書》，中華書局標點本。

《隋書》，中華書局標點本。

《舊唐書》，中華書局標點本。

《新唐書》，中華書局標點本。

《宋史》，中華書局標點本。

《元史》，中華書局標點本。

《明史》，中華書局標點本。

《清史稿》，中華書局標點本。

弘治《明會典》，上海古籍出版社影印文淵閣《四庫全書》本。

萬曆《明會典》，商務印書館《萬有文庫》本。

（明）李賢等：《明一統志》，《四庫全書》本。

《皇明詔判》，齊魯書社《四庫全書存目叢書》本。

《皇明詔令》，《四庫全書存目叢書》本。

（明）戴金等：《皇明條法事類纂》，劉海年、楊一凡主編《中國珍稀法律典籍集成》本，乙編第四、五、六冊，科學出版社1994年版。

（清）薛居正：《唐明律合編》，《萬有文庫》本。

（清）永瑢等：《古今圖書集成》，中華書局1934年縮印本。

《康熙朝漢文硃批奏摺彙編》，檔案出版社1985年影印本。

《雍正朝漢文硃批奏摺彙編》，江蘇古籍出版社1992年影印

本。

嘉靖《漕運通志》,《四庫全書存目叢書》本。

嘉慶《兩淮鹽法志》,嘉慶刻本。

光緒重修《兩淮鹽法志》,《續修四庫全書》本。

《清朝文獻通考》,中華書局影印本。

《清朝續文獻通考》,中華書局影印本。

中國第一歷史檔案館檔案:軍機處錄副奏摺。

《禮記》,中華書局影印《十三經註疏》本。

《周禮》,商務印書館《四部叢刊》本。

(魏)何晏撰、(梁)皇侃疏:《論語集解義疏》,《四庫全書》本。

(清)《御定全唐詩》,《四庫全書》本。

二 文集、筆記及其他文獻

(漢)崔寔:《四民月令》,《叢書集成續編》本。

(唐)李吉甫:《元和郡縣誌》,《四庫全書》本。

(宋)洪邁:《容齋隨筆》,《四庫全書》本。

(宋)李心傳:《建炎以來繫年要錄》,《叢書集成初編》本。

(宋)歐陽修:《歐陽修集》,《四庫全書》本。

(宋)沈括:《夢溪筆談》,《叢書集成初編》本。

(元)陶宗儀:《南村輟耕錄》,中華書局標點本。

(元)汪大淵(蘇繼廎校釋):《島夷志略》,中華書局標點本。

(元)于欽:《齊乘》,《四庫全書》本。

（元）周密：《癸辛雜識》，中華書局標點本。

（明）艾南英：《天傭子集》，清刊本。

（明）包汝楫：《南中紀聞》，《叢書集成初編》本。

（明）陳誠（周連寬校注）：《西域行程記、西域番國志》，中華書局 1991 年版。

（明）陳洪謨：《治世餘聞》、《繼世紀聞》，中華書局標點本。

（明）陳九德：《皇明名臣經濟錄》，《四庫禁毀書叢刊》本。

（明）陳全之：《蓬窗日錄》，上海書店影印本。

（明）陳子龍等：《明經世文編》，中華書局 1962 年影印本。

（明）董其昌輯：《神廟留中奏疏匯要》，《續修四庫全書》本。

（明）范濂：《雲間據目抄》，《筆記小說大觀》本，廣陵古籍刻印社 1983 年版。

（明）馮夢龍：《喻世明言》、《醒世恆言》，上海古籍出版社影印本；《明清民歌時調集》，上海古籍出版社影印本；《新平妖傳》，明泰昌元年刻本。

（明）龔居中：《新刻痰火點雪》，《續修四庫全書》本。

（明）顧起元：《客座贅語》，中華書局標點本。

（明）歸有光：《震川先生集》，《續修四庫全書》本。

（明）郭子章：《郡縣釋名》，《四庫全書存目叢書》本。

（明）何孟春：《余冬序錄》，《四庫全書存目叢書》本。

（明）何心隱：《何心隱集》，中華書局標點本。

（明）侯峒曾：《侯忠節公全集》，北京圖書館《北京圖書館

年譜叢刊》本。

（明）胡直：《衡廬精舍藏稿》，《四庫全書》本。

（明）胡應麟：《詩藪》，《續修四庫全書》本。

（明）黃汴：《一統路程圖記》，楊正泰《明代驛站考》附載，上海古籍出版社 1994 年版。

（明）黃佐：《翰林記》，中華書局《叢書集成初編》本。

（明）黃瑞伯：《瑤光閣集》，《四庫全書存目叢書》本。

（明）焦竑：《玉堂叢語》，中華書局標點本。

（明）揭暄：《璇璣遺述》，《四庫全書存目叢書》本。

（明）金幼孜：《金文靖集》，《四庫全書》本。

（明）李賢：《古穰集》，《四庫全書》本。

（明）李翊：《戒庵老人漫筆》，中華書局標點本。

（明）李贄：《焚書》，中華書局標點本。

（明）李開先：《麓中麓閒居集》，《續修四庫全書》本

（明）李維楨：《大泌山房集》，《四庫全書存目叢書》本。

（明）梁份：《懷葛堂集》，《豫章叢書》本。

（明）劉節：《梅國前集》，《四庫全書存目叢書》本。

（明）劉嵩：《槎翁詩集》，《四庫全書》本。

（明）劉侗：《帝京景物略》，《續修四庫全書》本。

（明）劉若愚：《酌中志》，《叢書集成初編》本。

（明）陸容：《菽園雜記》，中華書局標點本。

（明）陸深：《儼山集》、《儼山外集》，《四庫全書》本。

（明）陸樹深：《蒿余雜識》，《叢書集成初編》本。

（明）羅洪先：《念庵文集》，《四庫全書》本。

（明）羅欽順：《困知記》，《叢書集成初編》本；《整庵存稿》，《四庫全書》本。

（明）羅曰褧：《咸賓錄》，《四庫全書存目叢書》本。

（明）呂坤：《去偽齋集》，《四庫全書》本。

（明）呂天成：《曲品》，《中國戲曲史集成》之六，中國戲劇出版社 1959 年版。

（明）聶豹：《雙江聶先生文集》，《四庫全書存目叢書》本。

（明）潘季馴：《河防一覽》，《四庫全書》本。

（明）丘濬：《大學衍義補》，《四庫全書》本。

（明）沈榜：《宛署雜記》，北京古籍出版社 1983 年標點本。

（明）沈德符：《萬曆野獲編》，中華書局標點本。

（明）沈思孝：《晉錄》，《叢書集成初編》本。

（明）宋濂：《宋文憲公全集》，《北京圖書館藏珍本年譜叢刊》本。

（明）宋應星：《天工開物》，《續修四庫全書》本。

（明）湯顯祖：《湯顯祖詩文集》，上海古籍出版社 1982 年標點本。

（明）童承敘：《平漢錄》，《續修四庫全書》本。

（明）《高文舉珍珠記》，萬曆金陵文林閣刻本，載《古本戲曲叢刊》二集第一函，（上海）商務印書館 1955 年版。

（明）汪道昆：《太函集》，《四庫全書存目叢書》本。

（明）王鏊：《守溪筆記》，《紀錄彙編》本。

（明）王直：《抑庵文集》，《四庫全書》本。

（明）王士性：《廣志繹》，中華書局標點本。

（明）王世懋：《二酉委譚摘錄》、《窺天外乘》，《叢書集成初編》本；《閩部疏》，《明清史料彙編初集》，台北文海出版社1973年版。

（明）王世貞：《弇山堂別集》，中華書局標點本。

（明）王守仁：《王陽明全集》，上海古籍出版社標點本。

（明）魏良輔：《南詞引正》，《中國古典戲曲論著集成》之五，中國戲劇出版社1959年版。

（明）吳儼：《吳文肅摘稿》，《四庫全書》本。

（明）無名氏：《錄鬼簿續編》，《中國古典戲曲論著集成》之二，中國戲劇出版社1959年版。

（明）吳應箕：《樓山堂集》，《叢書集成初編》本。

（明）吳與弼：《康齋集》，《四庫全書》本。

（明）夏尚朴：《東岩集》，《四庫全書》本。

（明）項元汴：《蕉窗九錄》，《叢書集成初編》本。

（明）謝肇淛：《五雜俎》，中華書局標點本。

（明）熊鳴岐：《昭代王章》，《玄覽堂叢書》本。

（明）徐渭：《南詞敘錄》，《中國古典戲曲論著集成》之三，中國戲劇出版社1959年版。

（明）徐咸：《西園雜記》，《叢書集成初編》本。

（明）徐光啟：《農政全書》，《四庫全書》本。

（明）徐學聚：《國朝典匯》，《四庫全書存目叢書》本。

（明）嚴嵩：《鈐山堂集》，《四庫全書存目叢書》本。

（明）顏鈞：《顏鈞集》，中國社會科學出版社1996年標點本。

（明）楊榮：《文敏集》，《四庫全書》本。

（明）楊士奇：《東里集》，《四庫全書》本。

（明）葉權：《賢博編》，中華書局標點本。

（明）葉盛：《水東日記》，中華書局標點本。

（明）尹直：《謇齋瑣綴錄》，鄧士龍《國朝典故》收錄，北京大學出版社 1993 年點校本。

（明）袁褧：《世緯》，《叢書集成初編》本。

（明）於慎行：《谷山筆麈》，中華書局標點本。

（明）張岱：《快園道古》，浙江古籍出版社 1986 年標點本；《陶庵夢憶》，西湖書社 1982 年標點本。

（明）張瀚：《松窗夢語》，中華書局標點本。

（明）張鹵：《皇明制書》，《續修四庫全書》本。

（明）張萱：《西園聞見錄》，《續修四庫全書》本。

（明）張宏道、張凝道：《皇明三元考》，《四庫全書存目叢書》本。

（明）張自烈：《芑山文集》，《四庫禁毀書叢刊》本。

（明）章潢：《圖書編》，《四庫全書》本。

（明）趙秉忠：《江西輿地圖說》，《叢書集成初編》本。

（明）鄭曉：《今言》，中華書局標點本。

（明）周用：《周恭肅公集》，《四庫全書存目叢書》本。

（明）朱權：《太和正音譜》，《中國古典戲曲論著集成》之三，中國戲劇出版社 1959 年版。

（明）朱國楨：《湧幢小品》，中華書局標點本。

（明）朱元璋：《御製文集》、《御製大誥》、《大誥續編》、《大

誥三編》、《御製皇明祖訓》，均見張德信、毛佩琦主編：《洪武御製全書》，黃山書社 1995 年版。

〔意〕利瑪竇、金尼閣：《利瑪竇中國札記》，中華書局 1983 年版（2005 年重印）。

〔葡〕曾德昭：《大中國志》，上海古籍出版社 1998 年版。

〔法〕費賴之：《在華耶穌會士列傳及書目》，中華書局 1995 年版。

（清）包世臣：《齊民四術》，清刊《安吳四種》本。

（清）陳宏緒：《寒夜錄》，《續修四庫全書叢書》本。

（清）陳盛韶：《問俗錄》，北京出版社《四庫未收書輯刊》本。

（清）方以智：《物理小識》，《四庫全書》本。

（清）輔德：《覆奏查辦江西祠堂疏》，載《皇清奏議》（《續修四庫全書》本）。

（清）傅春官：《江西農工商礦紀略》，光緒三十四年石印本；《江西物產總會說明書》，宣統石印本。

（清）谷應泰：《明史紀事本末》，中華書局標點本。

（清）顧炎武：《日知錄》，《日知錄集釋》本，上海古籍出版社 1985 年影印本；《天下郡國利病書》，（上海）商務印書館《四部叢刊三編》本；《肇域志》，《續修四庫全書》本；《顧亭林詩文集》，中華書局標點本。

（清）何剛德：《撫郡農產考》，《續修四庫全書》本。

（清）賀長齡等：《清經世文編》，中華書局 1992 年影印本。

（清）黃鼎彝：《敖陽三事始末》，道光八年（1828）刻本。

（清）黃宗羲：《明儒學案》，中華書局標點本；《明文海》，中華書局 1987 年影印本；《南雷文定》，《續修四庫全書》本。

（清）計六奇：《明季北略》，中華書局標點本。

（清）紀昀等：《欽定四書文》，《四庫全書》本；（清）紀昀等：《四庫全書總目提要》，中華書局影印本。

（清）藍浦著、鄭廷桂補輯：《景德鎮陶錄》，清刻本。

（清）李調元：《劇話》卷上，《中國古典戲曲論著集成》之八，中國戲劇出版社 1959 年版。

（清）李光地：《榕村語錄》，中華書局 1995 年點校本。

（清）李世熊：《寇變記》，載中國社會科學院歷史所研究室編《清史資料》（第一輯），中華書局 1980 年版。

（清）梁章鉅：《制義叢話》，上海書店出版社 2001 年版。

（清）羅繞典：《黔南職方紀略》，（台灣）成文出版有限公司《中國地方誌叢書》本。

（清）毛德琦：《白鹿書院志》，《續修四庫全書》本。

（清）錢泳：《履園叢話》，中華書局標點本。

（清）錢謙益：《列朝詩集小傳》，上海古籍出版社 1983 年標點本。

（清）全祖望：《鮚埼亭集》，《續修四庫全書》本。

（清）屈大均：《廣東新語》，中華書局標點本。

（清）阮葵生：《茶餘客話》，中華書局標點本。

（清）沈寵綏：《度曲須知》，《中國古典戲曲論著集成》之五，中國戲劇出版社 1959 年版。

（清）談遷：《國榷》，中華書局標點本；《北遊錄》，中華

書局標點本。

（清）檀萃：《滇海虞衡志》，《叢書集成新編》本。

（清）王士禎：《池北偶談》，中華書局標點本。

（清）王猷定：《四照堂集》，《叢書集成續編》本。

（清）魏禮：《魏季子文集》，易堂本《寧都三魏全集》。

（清）魏禧：《魏叔子文集》，易堂本《寧都三魏全集》；《魏叔子文鈔》，《續修四庫全書》本。

（清）魏源：《魏源集》，中華書局標點本。

（清）吳其濬：《植物名實圖考》，《續修四庫全書》本。

（清）吳偉業：《復社紀事》，《中國野史集成》本，巴蜀書社 1999 年版。

（清）吳嵩梁：《東鄉風土記》，道光《香蘇山館全集》本。

（清）吳允嘉：《浮梁陶政志·附景鎮舊事》，《四庫全書存目叢書》本。

（清）徐珂：《清稗類鈔》，中華書局標點本。

（清）徐松：《宋會要輯稿》，中華書局影印本。

（清）徐世溥：《榆溪集選》，光緒《國朝文錄續編》本。

（清）嚴如煜：《三省邊防備覽》，《續修四庫全書》本。

（清）姚燮：《今樂考證》，《中國古典戲曲論著集成》之十，中國戲劇出版社 1959 年版。

（清）葉夢珠：《閱世編》，中華書局標點本。

（清）永鎔等：《御批通鑑輯覽》，清刻本。

（清）于成龍：《於清端政書》，《四庫全書》本。

（清）俞長城：《俞寧世文集》，《四庫全書未收叢書》本。

（清）曾國藩主編：《江西全省輿圖》，清刻本。

（清）查繼佐：《罪惟錄》，浙江古籍出版社 1986 年標點本。

（清）詹賢：《詹鐵牛文集》，《四庫禁毀書叢刊》本。

（清）趙翼（王樹民校證）：《廿二史札記》，中華書局標點本。

（清）趙吉士：《寄園寄所寄》，《續修四庫全書》本。

（清）朱琰：《陶說》，《續修四庫全書》本。

（清）朱彝尊：《靜志居詩話》，人民文學出版社 1990 年標點本。

（清）諸晦香：《明齋小識》，《續修四庫全書》本。

三　志書、家譜

嘉靖《江西通志》，（台灣）成文出版有限公司《中國地方誌叢書》本。

嘉靖《江西省大志》，明嘉靖三十五年刻本，國家圖書館藏。

萬曆《江西省大志》，（台灣）成文出版有限公司《中國地方誌叢書》本。

康熙《西江志》，（台灣）成文出版有限公司《中國地方誌叢書》本。

雍正《江西通志》，《四庫全書》本。

光緒《江西通志》，光緒七年刻本。

萬曆《江西賦役全書》，（台灣）學生書局 1970 年影印本。

萬曆《湖廣總志》，湖南省圖書館藏影印本。

民國新纂《雲南通志》，民國刻本。

弘治《撫州府志》，《天一閣藏明代地方誌選刊續編》本，
上海書店影印，下同。

弘治《黃州府志》，《天一閣藏明代地方誌選刊》本，上海
古籍出版社影印，下同。

弘治《永州府志》，《天一閣藏明代地方誌選刊續編》本。

弘治《岳州府志》，《天一閣藏明代地方誌選刊續編》本。

正德《瑞州府志》，《天一閣藏明代地方誌選刊續編》本。

正德《南康府志》，《天一閣藏明代地方誌選刊》本。

正德《饒州府志》，《天一閣藏明代地方誌選刊續編》本。

正德《建昌府志》，《天一閣藏明代地方誌選刊》本。

正德《袁州府志》，《天一閣藏明代地方誌選刊》本。

嘉靖《臨江府志》，《天一閣藏明代地方誌選刊續編》本。

嘉靖《贛州府志》，《天一閣藏明代地方誌選刊》本。

嘉靖《南安府志》，《天一閣藏明代地方誌選刊續編》本。

嘉靖《廣信府志》，《天一閣藏明代地方誌選刊續編》本。

嘉靖《九江府志》，《天一閣藏明代地方誌選刊》本。

嘉靖《袁州府志》，《天一閣藏明代地方誌選刊續編》本。

隆慶《臨江府志》，《天一閣藏明代地方誌選刊》本。

嘉靖《常德府志》，《天一閣藏明代地方誌選刊》本。

嘉靖《寧州志》，《天一閣藏明代地方誌選刊續編》本。

萬曆《新修南昌府志》，《稀見中國地方誌彙刊》本，中國
書店 1992 年影印，下同。

萬曆《吉安府志》，《稀見中國地方誌彙刊》本。

萬曆《揚州府志》，《稀見中國地方誌彙刊》本。

天啟《贛州府志》，（台灣）成文出版有限公司《中國地方誌叢書》本。

順治《吉安府志》，（台灣）成文出版有限公司《中國地方誌叢書》本。

康熙《饒州府志》，（台灣）成文出版有限公司《中國地方誌叢書》本。

康熙《臨江府志》，（台灣）成文出版有限公司《中國地方誌叢書》本。

康熙《南康府志》，（台灣）成文出版有限公司《中國地方誌叢書》本。

康熙《南康府志》，（台灣）成文出版有限公司《中國地方誌叢書》本。

乾隆《袁州府志》，（台灣）成文出版有限公司《中國地方誌叢書》本。

乾隆《建昌府志》，（台灣）成文出版有限公司《中國地方誌叢書》本。

乾隆《廣信府志》，（台灣）成文出版有限公司《中國地方誌叢書》本。

乾隆《贛州府志》，（台灣）成文出版有限公司《中國地方誌叢書》本。

道光《寧都直隸州志》，（台灣）成文出版有限公司《中國地方誌叢書》本。

同治《南昌府志》，（台灣）成文出版有限公司《中國地方

誌叢書》本。

同治《袁州府志》，（台灣）成文出版有限公司《中國地方誌叢書》本。

同治《九江府志》，（台灣）成文出版有限公司《中國地方誌叢書》本。

同治《瑞州府志》，（台灣）成文出版有限公司《中國地方誌叢書》本。

同治《饒州府志》，（台灣）成文出版有限公司《中國地方誌叢書》本。

同治《建昌府志》，（台灣）成文出版有限公司《中國地方誌叢書》本。

同治《廣信府志》，（台灣）成文出版有限公司《中國地方誌叢書》本。

同治《臨江府志》，（台灣）成文出版有限公司《中國地方誌叢書》本。

同治《贛州府志》，（台灣）成文出版有限公司《中國地方誌叢書》本。

同治《南安府志》，（台灣）成文出版有限公司《中國地方誌叢書》本。

同治《撫州府志》，（台灣）成文出版有限公司《中國地方誌叢書》本。

同治《南安府志補正》，（台灣）成文出版有限公司《中國地方誌叢書》本。

正德《新城縣誌》，《天一閣藏明代地方誌選刊續編》本。

　　嘉靖《（廣信府）永豐縣誌》，《天一閣藏明代地方誌選刊》本。

　　嘉靖《上高縣誌》，（台灣）成文出版有限公司《中國地方誌叢書》本。

　　嘉靖《豐乘》，《天一閣藏明代地方誌選刊續編》本。

　　嘉靖《進賢縣誌》，（台灣）成文出版有限公司《中國地方誌叢書》本。

　　嘉靖《武寧縣誌》，《天一閣藏明代地方誌選刊續編》本。

　　嘉靖《瑞金縣誌》，《天一閣藏明代地方誌選刊》本。

　　萬曆《南豐縣誌》，（台灣）成文出版有限公司《中國地方誌叢書》本。

　　崇禎《清江縣誌》，《四庫全書存目叢書》本。

　　順治《石城縣誌》，（台灣）成文出版有限公司《中國地方誌叢書》本。

　　康熙《興國縣誌》，（台灣）成文出版有限公司《中國地方誌叢書》本。

　　康熙《湖口縣誌》，（台灣）成文出版有限公司《中國地方誌叢書》本。

　　康熙《宜黃縣誌》，（台灣）成文出版有限公司《中國地方誌叢書》本。

　　康熙《新昌縣誌》，（台灣）成文出版有限公司《中國地方誌叢書》本。

　　康熙《都昌縣誌》，（台灣）成文出版有限公司《中國地方誌叢書》本。

康熙《龍南縣誌》，（台灣）成文出版有限公司《中國地方誌叢書》本。

康熙《金溪縣誌》，《稀見中國地方誌彙刊》本。

康熙《建昌縣誌》，（台灣）成文出版有限公司《中國地方誌叢書》本。

康熙《鉛山縣誌》，（台灣）成文出版有限公司《中國地方誌叢書》本。

康熙《瑞金縣誌》，《稀見中國地方誌彙刊》本。

康熙《樂安縣誌》，（台灣）成文出版有限公司《中國地方誌叢書》本。

康熙《南城縣誌》，（台灣）成文出版有限公司《中國地方誌叢書》本。

康熙《東鄉縣誌》，《稀見中國地方誌彙刊》本。

康熙《新淦縣誌》，（台灣）成文出版有限公司《中國地方誌叢書》本。

康熙《南豐縣誌》，（台灣）成文出版有限公司《中國地方誌叢書》本。

康熙《廣昌縣誌》，（台灣）成文出版有限公司《中國地方誌叢書》本。

康熙《永豐縣誌》，（台灣）成文出版有限公司《中國地方誌叢書》本。

康熙《新城縣誌》，（台灣）成文出版有限公司《中國地方誌叢書》本。

康熙《鄱陽縣誌》，（台灣）成文出版有限公司《中國地方

誌叢書》本。

康熙續修《瑞金縣誌》，《稀見中國地方誌彙刊》本。

康熙《宜春縣誌》，（台灣）成文出版有限公司《中國地方誌叢書》本。

康熙《萬載縣誌》，《稀見中國地方誌彙刊》本。

康熙《新喻縣誌》，《稀見中國地方誌彙刊》本。

康熙《高安縣誌》，《稀見中國地方誌彙刊》本。

康熙《上高縣誌》，（台灣）成文出版有限公司《中國地方誌叢書》本。

康熙《武寧縣誌》，（台灣）成文出版有限公司《中國地方誌叢書》本。

康熙《玉山縣誌》，（台灣）成文出版有限公司《中國地方誌叢書》本。

康熙《進賢縣誌》，（台灣）成文出版有限公司《中國地方誌叢書》本。

雍正《萬載縣誌》，（台灣）成文出版有限公司《中國地方誌叢書》本。

乾隆《湖口縣誌》，（台灣）成文出版有限公司《中國地方誌叢書》本。

乾隆《彭澤縣誌》，（台灣）成文出版有限公司《中國地方誌叢書》本。

乾隆《浮梁縣誌》，江西省圖書館 1960 年油印本。

乾隆《峽江縣誌》，（台灣）成文出版有限公司《中國地方誌叢書》本。

乾隆《南康縣誌》，（台灣）成文出版有限公司《中國地方誌叢書》本。

乾隆《信豐縣誌》，（台灣）成文出版有限公司《中國地方誌叢書》本。

乾隆《廣豐縣誌》，（台灣）成文出版有限公司《中國地方誌叢書》本。

乾隆《金溪縣誌》，（台灣）成文出版有限公司《中國地方誌叢書》本。

乾隆《龍泉縣誌》，乾隆三十六年刻本，江西省圖書館藏。

乾隆《贛縣誌》，（台灣）成文出版有限公司《中國地方誌叢書》本。

乾隆《泰和縣誌》，（台灣）成文出版有限公司《中國地方誌叢書》本。

乾隆《武寧縣誌》，（台灣）成文出版有限公司《中國地方誌叢書》本。

乾隆《德化縣誌》，（台灣）成文出版有限公司《中國地方誌叢書》本。

乾隆《大庾縣誌》，《稀見中國地方誌彙刊》本。

嘉慶《彭澤縣誌》，（台灣）成文出版有限公司《中國地方誌叢書》本。

道光《崇仁縣誌》，（台灣）成文出版有限公司《中國地方誌叢書》本。

道光《廬陵縣誌》，（台灣）成文出版有限公司《中國地方誌叢書》本。

　　道光《宜黃縣誌》，（台灣）成文出版有限公司《中國地方誌叢書》本。

　　道光《金溪縣誌》，（台灣）成文出版有限公司《中國地方誌叢書》本。

　　道光《浮梁縣誌》，道光十二年刻本，江西省圖書館藏。

　　道光《瑞金縣誌》，道光二年刻本。

　　道光《玉山縣誌》，（台灣）成文出版有限公司《中國地方誌叢書》本。

　　道光《定南廳志》，（台灣）成文出版有限公司《中國地方誌叢書》本。

　　道光《豐城縣誌》，（台灣）成文出版有限公司《中國地方誌叢書》本。

　　咸豐《梓橦縣誌》，（台灣）成文出版有限公司《中國地方誌叢書》本。

　　道光《貴溪縣誌》，道光四年刻本，江西省圖書館藏。

　　同治《雩都縣誌》，（台灣）成文出版有限公司《中國地方誌叢書》本。

　　同治《宜黃縣誌》，（台灣）成文出版有限公司《中國地方誌叢書》本。

　　同治《臨川縣誌》，（台灣）成文出版有限公司《中國地方誌叢書》本。

　　同治《萬載縣誌》，（台灣）成文出版有限公司《中國地方誌叢書》本。

　　同治《安福縣誌》，（台灣）成文出版有限公司《中國地方

誌叢書》本。

同治《湖口縣誌》，（台灣）成文出版有限公司《中國地方
誌叢書》本。

同治《餘干縣誌》，（台灣）成文出版有限公司《中國地方
誌叢書》本。

同治《安仁縣誌》，同治十一年刻本，江西省圖書館藏。

同治《崇義縣誌》，（台灣）成文出版有限公司《中國地方
誌叢書》本。

同治《龍泉縣誌》，（台灣）成文出版有限公司《中國地方
誌叢書》本。

同治《星子縣誌》，（台灣）成文出版有限公司《中國地方
誌叢書》本。

同治《都昌縣誌》，（台灣）成文出版有限公司《中國地方
誌叢書》本。

同治《豐城縣誌》，（台灣）成文出版有限公司《中國地方
誌叢書》本。

同治《樂平縣誌》，同治九年刻本，江西省圖書館藏。

同治《德興縣誌》，（台灣）成文出版有限公司《中國地方
誌叢書》本。

同治《上高縣誌》，（台灣）成文出版有限公司《中國地方
誌叢書》本。

同治《清江縣誌》，（台灣）成文出版有限公司《中國地方
誌叢書》本。

同治《彭澤縣誌》，（台灣）成文出版有限公司《中國地方

誌叢書》本。

同治《永寧縣誌》，（台灣）成文出版有限公司《中國地方誌叢書》本。

同治《安義縣誌》，（台灣）成文出版有限公司《中國地方誌叢書》本。

同治《新城縣誌》，（台灣）成文出版有限公司《中國地方誌叢書》本。

同治《大庾縣誌》，（台灣）成文出版有限公司《中國地方誌叢書》本。

同治《廣豐縣誌》，（台灣）成文出版有限公司《中國地方誌叢書》本。

同治《南城縣誌》，（台灣）成文出版有限公司《中國地方誌叢書》本。

同治《萬安縣誌》，（台灣）成文出版有限公司《中國地方誌叢書》本。

同治《廣昌縣誌》，（台灣）成文出版有限公司《中國地方誌叢書》本。

同治《盧陵縣誌》，（台灣）成文出版有限公司《中國地方誌叢書》本。

同治《永豐縣誌》，（台灣）成文出版有限公司《中國地方誌叢書》本。

同治《興國縣誌》，（台灣）成文出版有限公司《中國地方誌叢書》本。

同治《上饒縣誌》，（台灣）成文出版有限公司《中國地方

誌叢書》本。

　　同治《峽江縣誌》，（台灣）成文出版有限公司《中國地方
誌叢書》本。

　　同治《金溪縣誌》，（台灣）成文出版有限公司《中國地方
誌叢書》本。

　　同治《東鄉縣誌》，（台灣）成文出版有限公司《中國地方
誌叢書》本。

　　同治《南豐縣誌》，（台灣）成文出版有限公司《中國地方
誌叢書》本。

　　同治《鄱陽縣誌》，（台灣）成文出版有限公司《中國地方
誌叢書》本。

　　同治《安遠縣誌》，（台灣）成文出版有限公司《中國地方
誌叢書》本。

　　同治《會昌縣誌》，同治十一年刻本，（美國）猶他州家譜
學會縮微本。

　　同治《德化縣誌》，（台灣）成文出版有限公司《中國地方
誌叢書》本。

　　同治《玉山縣誌》，（台灣）成文出版有限公司《中國地方
誌叢書》本。

　　同治《桂東縣誌》，（台灣）成文出版有限公司《中國地方
誌叢書》本。

　　光緒《長寧縣誌》，（台灣）成文出版有限公司《中國地方
誌叢書》本。

　　光緒《龍南縣誌》，（台灣）成文出版有限公司《中國地方

誌叢書》本。

民國《南昌縣誌》，（台灣）成文出版有限公司《中國地方誌叢書》本。

民國《萬載縣誌》，（台灣）成文出版有限公司《中國地方誌叢書》本。

民國《大庾縣誌》，（台灣）成文出版有限公司《中國地方誌叢書》本。

民國《吉安縣誌》，民國三十年鉛印本，江西省圖書館藏。

民國《廬陵縣誌》，（台灣）成文出版有限公司《中國地方誌叢書》本。

民國《松滋縣誌》，民國八年刻本。

民國《蒲圻鄉土志》，民國十二年刻本。

冼寶乾等：《佛山忠義鄉志》，民國十五年刻本。

宣統二年刻本《江西物產總會說明書》。

民國三十八年版《江西之特產》。

光緒十八年湘潭《石浦王氏六修族譜》，湖南省圖書館藏。

清江《香田聶氏重修族譜》，清刻本，江西師範大學圖書館藏。

光緒清江《楊氏五修族譜》，清刻本，江西師範大學圖書館藏。

道光《清江東里黃氏族譜》，清刻本，江西師範大學圖書館藏。

民國二十二年湘鄉《龍田彭氏族譜》，湖南省圖書館藏。

《泰和南岡周氏漆田學士派三次續修譜》，1996年鉛印本。

陳銘珪：《長春道教源流》，《續修四庫全書》本。

釋自融：《南宋元明禪林僧寶傳》，《四庫全書存目叢書》本。

《雲居山新志》，中國文史出版社 1992 年版。

四　今（近）人論著

著　作

鮑彥邦：《明代漕運研究》，暨南大學出版社 1996 年版。

曹樹基：《中國移民史》第五、六卷（明時期、清時期），福建人民出版社 1997 年版。

曹樹基：《中國人口史》第四、五卷（明時期、清時期），復旦大學出版社 2000 年版。

常建華：《明代宗族研究》，上海人民出版社 2005 年版。

陳鋒：《清代鹽政與鹽稅》，中州古籍出版社 1988 年版。

陳柏泉：《江西出土墓誌選編》，江西教育出版社 1991 年版。

陳文華、陳榮華主編：《江西通史》，江西人民出版社 1999 年版。

杜婉言、方志遠：《中國政治制度通史·明代卷》，人民出版社 1996 年版。

方志遠：《成化皇帝大傳》，遼寧教育出版社 1994 年版。

方志遠：《明清江右商幫》，中華書局（香港）1995 年版。

方志遠：《曠世大儒——王陽明傳》，河北人民出版社 2000 年版。

方志遠：《明清湘鄂贛地區的人口流動與城鄉商品經濟》，人民出版社 2001 年版。

方志遠：《明代城市與市民文學》，中華書局 2004 年版。

方志遠：《明代國家權力結構及其運行機制》，科學出版社 2008 年版。

郭紅、靳潤成：《中國行政區劃通史・明代卷》，復旦大學出版社 2007 年版。

郭衛東：《中土基督》，雲南人民出版社 2001 年版。

傅衣凌：《明清社會經濟史論文集》，人民出版社 1982 年版。

韓大成：《明代社會經濟初探》，人民出版社 1986 年版。

韓大成：《明代城市研究》，中國人民大學出版社 1991 年版。

《漢語大辭典》，漢語大辭典出版社 1997 年版。

黃國信：《區與界：清代湘粵贛界鄰地區食鹽專賣研究》，三聯書店 2006 年版。

黃志繁：《「賊」「民」之間：12—18 世紀之間贛南地域社會》，三聯書店 2006 年版。

江文漢：《明清間在華的天主教耶穌會士》，知識出版社 1987 年版。

李洵：《正德皇帝大傳》，遼寧教育出版社 1993 年版。

李棪：《東林黨籍考》，人民出版社 1957 年版。

李文治：《中國近代農業史資料》，三聯書店 1957 年版。

李文治等：《明清時期的農業資本主義萌芽》，中國社會科

學出版社 1983 年版。

　　梁方仲：《中國曆代戶口、田地、田賦統計》，上海人民出版社 1980 年版。

　　梁方仲：《梁方仲經濟史論文集》，中華書局 1989 年版。

　　梁淼泰：《明清景德鎮城市經濟研究》（增訂版），江西人民出版社 2004 年版。

　　呂妙芬：《陽明學士人社群：歷史、思想與實踐》，新星出版社 2006 年版。

　　劉志偉：《在國家與社會之間——明清廣東里甲賦役制度研究》，中山大學出版社 1997 年版。

　　南炳文、何孝榮：《明代文化研究》，人民出版社 2006 年版。

　　歐陽琛、方志遠：《明清中央集權與地域經濟》，中國社會科學出版社 2002 年版。

　　潘吉星：《宋應星評傳》，南京大學出版社 1990 年版。

　　彭澤益：《中國工商行會史料集》，中華書局 1995 年版。

　　孫楷第：《中國通俗小說書目》，人民文學出版社 1982 年版。

　　孫述誠主編：《九江港史》，人民交通出版社 1991 年版。

　　譚其驤主編：《中國歷史地圖集》，中國地圖出版社 1982—1988 年版。

　　唐立宗：《在「盜區」與「政區」之間——明代閩粵贛湘交界的秩序變動與地方行政演化》，台灣大學出版委員會 2002 年版。

吳梅：《吳梅戲曲論文集》，中國戲劇出版社 1983 年版。

吳承明：《中國資本主義與國內市場》，中國社會科學出版社 1986 年版。

吳晗：《朱元璋傳》，三聯書店 1965 年版。

吳宣德：《江右王學與明中後期江西教育發展》，江西教育出版社 1996 年版。

謝國楨：《西域番國志·跋》，《國立北平圖書館善本叢書第一集》，1937 年商務印書館影印。

謝國楨：《明清之際黨社運動考》，中華書局 1982 年版。

許滌新、吳承明主編：《中國資本主義發展史》第一卷《中國資本主義的萌芽》，人民出版社 1985 年版。

許懷林：《江西史稿》，江西高校出版社 1993 年版。

楊正泰：《明代驛站考》，上海古籍出版社 1994 年版。

張國雄：《明清時期的兩湖移民》，陝西人民教育出版社 1995 年版。

張海鵬等：《中國十大商幫》，黃山書社 1993 年版。

張正明：《晉商興衰史》，山西古籍出版社 1995 年版。

趙世瑜：《吏與中國傳統社會》，浙江人民出版社 1994 年版。

鄭振滿：《明清福建家族組織與社會變遷》，湖南教育出版社 1992 年版。

中國硅酸鹽學會：《中國陶瓷史》，文物出版社 1982 年版。

朱保炯、謝沛霖：《明清進士題名碑錄索引》附《明清進士題名碑錄》，上海古籍出版社 1980 年版。

朱東潤：《張居正大傳》，湖北人民出版社 1957 年版。

莊一拂：《古典戲曲存目匯考》，上海古籍出版社 1982 年版。

左東嶺：《王學與中晚明士人心態》，人民文學出版社 2000 年版。

左行培：《宋、元、明、清江西書院簡表》，江西師範大學歷史系 1987 年油印本。

〔德〕恩格斯：《家庭、私有制和國家的起源》，《馬克思恩格斯選集》第四卷，人民出版社 1972 年版。

〔美〕巴林頓·摩爾：《民主與專制的社會起源》，華夏出版社 1987 年版。

〔美〕何炳棣：《中國會館史論》，（台北）學生書局 1966 年版；《1368—1953 年中國人口研究》，上海古籍出版社 1989 年版。

〔美〕黃宗智：《華北的小農經濟與社會變遷》，中華書局 2000 年版。

〔日〕加藤繁：《中國經濟史考證》，（台灣）華世出版社 1981 年版。

〔美〕施堅雅主編：《中華帝國晚期的城市》，中華書局 2000 年版。

〔韓〕吳金成：《明代社會經濟史研究》，東京汲古書院 1990 年版。

論 文

曹國慶：《王守仁與南贛鄉約》，《明史研究》第三輯，1993

年 7 月。

　　曹國慶：《明代江西科第世家的崛起及其在地方上的作用——以鉛山費氏為例》，《中國文化研究》1999 年第 4 期（冬之卷）。

　　曹國慶：《朱元璋與天師道》，《南昌大學學報》1999 年第 1 期。

　　曹國慶、肖放：《景德鎮考察記》，《中國社會經濟史研究》1988 年第 2 期。

　　曹樹基：《贛閩粵三省毗鄰地區的社會變動和客家形成》，《歷史地理》第 14 輯，上海人民出版社 1997 年版。

　　陳定榮、林友鶴：《婁妃之父辨》，《江西師範大學學報》1991 年第 1 期。

　　叢瀚香：《試述明代植棉和棉織業的發展》，《中國史研究》1981 年第 1 期。

　　鄧智華：《明中葉江西地方財政體制的改革》，《中國社會經濟史研究》2001 年第 1 期。

　　鄧智華：《明後期江西地方財政體制的敗壞》，《江西師範大學學報》2003 年第 5 期。

　　丁文江：《奉新宋長庚先生傳》，載武進陶氏編《天工開物》捲上。

　　丁文江：《歷史人物與地理的關係》，《科學》第八卷，1922 年。

　　方志遠：《明代的巡撫制度》，《中國史研究》1988 年第 3 期。

方志遠：《「江浙」辯》，《爭鳴》1988 年第 5 期。

方志遠：《略論西漢初期的分封與削藩》，《南昌職業技術師範學院學報》1989 年第 3 期。

方志遠：《論明代內閣制度的形成》，《文史》第 33 輯，中華書局 1990 年版。

方志遠：《論明代的君主專制》，《嚴嵩與明代政治》，上海人民出版社 1990 年版。

方志遠、黃瑞卿：《明清江右商的經營觀念與投資方向》，《中國史研究》1991 年第 4 期。

方志遠、黃瑞卿：《明清江右商的社會構成與經營方式》，《中國經濟史研究》1992 年第 1 期。

方志遠、黃瑞卿：《明清西南地區的江右商》，《中國社會經濟史研究》1993 年第 4 期。

方志遠：《明代的鎮守中官制度》，《文史》第 40 期，中華書局 1994 年版。

方志遠：《明清江右商與商事訴訟》，《南昌大學學報》1995 年「贛文化研究專號」。

方志遠：《歷史上的奸臣與〈奸臣傳〉》，《文史知識》1998 年第 12 期。

方志遠：《明清湘鄂贛地區的食鹽輸入與運銷》，《中國社會經濟史研究》2001 年第 4 期。

方志遠：《陽明史事三題》，《江西師範大學學報》2003 年第 4 期。

方志遠：《明清湘鄂贛地區的「訟風」》，《文史》2004 年第

3 期（總第 68 輯）。

方志遠：《明代蘇松江浙人「毋得任戶部」考》，《歷史研究》 2004 年第 6 期。

方志遠：《明清湘鄂贛地區的「淮界」與私鹽》，《中國經濟史研究》 2006 年第 3 期。

方志遠：《「傳奉官」與明成化時代》，《歷史研究》 2007 年第 1 期。

方志遠：《地域文化與江西傳統商業盛衰論》，《江西師範大學學報》 2007 年第 1 期。

（日）夫馬進：《明清時代的訟師與訴訟制度》，王亞新、梁治平編：《明清時期的民事審判與民間契約》，法律出版社 1998 年版。

顧誠：《明前期耕地數新探》，《中國社會科學》 1986 年第 4 期；《明帝國的疆土管理體制》，《歷史研究》 1989 年第 3 期。

郭培貴：《明代各科庶吉士數量、姓名、甲第、地理分佈及其特點考述》，《文史》 2007 年第 1 輯（總第 78 輯），中華書局 2007 年版。

郭松義：《清初的更名田》，《清史論叢》第八輯，中華書局 1991 年版。

何文君：《明至清初江西對湖南人口的遷徙》，《湖南師範大學學報》 1990 年第 3 期。

何淑宜：《以禮化俗——晚明士紳的喪俗改革思想及其實踐》，《新史學》（台北）第 11 卷第 3 期（2000 年 9 月）。

胡水鳳：《繁華的大庾嶺古商道》，《江西師範大學學報》

1992 年第 4 期。

　　黃長椿：《明正德年間江西農民起義的特點》，《江西師院學報》1986 年第 1 期。

　　黃啟臣：《試論明清商業資本流向土地的問題》，載《中國史研究》編輯部編《中國封建經濟結構研究》，中國社會科學出版社 1985 年版。

　　黃志繁：《明代贛南的風水、科舉與鄉村社會「士紳化」》，《史學月刊》2005 年第 11 期。

　　藍勇：《清代四川土著和移民分佈的地理特徵研究》，《中國歷史地理論叢》1995 年第 2 期。

　　李平亮：《明後期南昌西山萬壽宮的重興與地方權力體系的演變》，《江西社會科學》2003 年第 9 期。

　　梁洪生：《吳城商鎮與早期商會》，《中國經濟史研究》1995 年第 1 期。

　　林金樹等：《關於明代田土管理系統的問題》，《歷史研究》1990 年第 4 期。

　　劉石吉：《明清時代江西墟市與市鎮的發展》，台灣「中研院」第二次中國近代經濟史會議論文，1989 年。

　　呂作燮：《試論明清時期會館的性質和作用》，南京大學歷史系編《中國資本主義萌芽問題論文集》，江蘇人民出版社 1983 年版。

　　〔美〕莫里斯·羅沙比：《明朝到亞洲腹地的兩位使者》，《中國史研究動態》1982 年第 2 期。

　　歐陽琛：《明代的司禮監》，《江西師範大學學報》1984 年

第 4 期。

　　邱仲麟：《誕日稱觴——明清社會的慶壽文化》，《新史學》（台北）第 11 卷第 3 期（2000 年 9 月）。

　　饒偉新：《明代贛南的移民運動及其分布特徵》，《中國社會經濟史研究》2000 年第 3 期。

　　饒偉新：《明代贛南的社會動亂與閩粵移民的族群背景》，《廈門大學學報》2000 年第 4 期。

　　（美）蘇均煒：《大學士嚴嵩新論》，《明清史國際學術討論會論文集》，天津人民出版社 1983 年版。

　　王根權：《明清時期一個典型農業地區的墟鎮——江西撫州府墟鎮試探》，《江西師範大學學報》1990 年第 2 期。

　　王曾瑜：《中國古代的絲麻棉續編》，《文史》2006 年第 3 輯（總第 76 輯）。

　　唐立宗：《明代南贛巡撫轄區新探》，《歷史地理》第 19 輯，上海人民出版社 2003 年版。

　　魏崇新：《明代江西文人與台閣文學》，《中國典籍文化》2004 年第 1 期。

　　巫仁恕：《明代平民服飾的流行風尚與士大夫的反應》，《新史學》（台北）第 10 卷第 3 期（1999 年 3 月）。

　　吳薇：《明清江西天主教的傳播》，《江西師範大學學報》2003 年第 1 期。

　　肖朗：《利瑪竇與白鹿洞書院及其他》，《江西社會科學》2007 年第 1 期。

　　許檀：《明清時期運河的商品流通》，《歷史檔案》1992 年

第 1 期。

　　許檀：《明清時期江西的商業城鎮》，《中國經濟史研究》
1998 年第 3 期。

　　許檀：《清代前期的九江關及其商品流通》，《歷史檔案》
1999 年第 1 期。

　　許春華、許文峰：《湘贛邊界的土籍與客籍》，載劉勁峰、
耿豔鵬主編：《吉安市的宗族、經濟與文化》下（客家傳統社會
叢書 22），國際客家學會、海外華人資料研究中心、法國遠東學
院 2005 年出版。

　　許懷林：《明清鄱陽湖區的圩堤圍墾事業》，《農業考古》
1990 年第 1 期。

　　顏學恕、顏煜開：《明代平民思想家顏鈞的理想追求》，《中
國史研究》1997 年第 2 期。

　　尹玲玲：《明代江西鄱陽（湖）地區的漁業經濟》，《中國社
會經濟史研究》2000 年第 2 期。

　　於志嘉：《明代江西兵制的演變》，《中央研究院歷史語言研
究所集刊》第 66 本第 4 分，1995 年 12 月。

　　於志嘉：《明代江西衛所屯田與漕運的關係》，《中央研究院
歷史語言研究所集刊》第 72 本第 2 分，2001 年 6 月。

　　曾永義：《弋陽腔及其流派考述》，《台大文史哲學報》第
65 期，2006 年 11 月。

　　張國雄：《「湖廣熟天下足」的內外條件分析》，《中國農史》
1994 年第 3 期。

　　張建民：《「湖廣熟，天下足」述論——兼及明清時期長江

沿岸的米糧流通》，《中國農史》1987 年第 4 期。

鄭土有：《做壽習俗的歷史發展及其文化內涵》，載於《中國民間文化〔七〕：人生禮俗研究》，學林出版社 1992 年版。

鄒逸麟：《萬恭和〈治水筌蹄〉》，《歷史地理》第 3 輯，上海人民出版社 1984 年版。

江西文庫 A0701A24

江西通史：明代卷　第四冊

主　　編	鍾啟煌
作　　者	方志遠、謝宏維
責任編輯	楊家瑜

發 行 人	陳滿銘
總 經 理	梁錦興
總 編 輯	陳滿銘
副總編輯	張晏瑞
編 輯 所	萬卷樓圖書股份有限公司
排　　版	菩薩蠻數位文化有限公司
印　　刷	百通科技股份有限公司
封面設計	菩薩蠻數位文化有限公司

出　　版　昌明文化有限公司

桃園市龜山區中原街 32 號

電話 (02)23216565

發　　行　萬卷樓圖書股份有限公司

臺北市羅斯福路二段 41 號 6 樓之 3

電話 (02)23216565

傳真 (02)23218698

電郵 SERVICE@WANJUAN.COM.TW

大陸經銷　廈門外圖臺灣書店有限公司

　　電郵 JKB188@188.COM

ISBN 978-986-496-190-0

2018 年 1 月初版

定價：新臺幣 320 元

如何購買本書：

1. 轉帳購書，請透過以下帳戶
   合作金庫銀行　古亭分行
   戶名：萬卷樓圖書股份有限公司
   帳號：0877717092596

2. 網路購書，請透過萬卷樓網站
   網址 WWW.WANJUAN.COM.TW

大量購書，請直接聯繫我們，將有專人為您

服務。客服：(02)23216565 分機 610

如有缺頁、破損或裝訂錯誤，請寄回更換

國家圖書館出版品預行編目資料

江西通史 明代卷 ／ 鍾啟煌主編. -- 初版. --

桃園市 ：昌明文化出版 ；臺北市 ：萬卷樓

發行, 2018.01

　冊 ； 公分

ISBN 978-986-496-190-0(上冊 ：平裝). --

1.歷史 2.江西省

672.41　　　　　　　　　　　107001900

本著作物經廈門墨客知識產權代理有限公司代理，由江西人民出版社授權萬卷樓圖書

股份有限公司出版、發行中文繁體字版版權。

本書為金門大學華語文學系產學合作成果。　　校對：陳裕萱／華語文學系二年級